2ᵉ ÉDITION.

ROSSEL

PAPIERS

POSTHUMES

RECUEILLIS ET ANNOTÉS

PAR

JULES AMIGUES

Capitulation de Metz
Entrevues avec le général Changarnier et le maréchal Bazaine
Mon évasion
Le Gouvernement de Tours — Le Camp de Nevers
Mon rôle sous la Commune : Cluseret, Pyat, Bergeret, etc.
La défaite de la Commune
Notes et pensées — Timothée (folie) — Derniers jours
Vixerunt !

PARIS

E. LACHAUD, ÉDITEUR

4, PLACE DU THÉATRE-FRANÇAIS, 4

—

1871

Tous droits réservés.

ROSSEL

ROSSEL

PAPIERS
POSTHUMES

RECUEILLIS ET ANNOTÉS

PAR

JULES AMIGUES

Capitulation de Metz
Entrevue avec le général Changarnier et le maréchal Bazaine
Mon évasion
Le gouvernement de Tours — Le camp de Nevers
Mon rôle sous la Commune : Cluseret, Bergeret, etc., etc.
La défaite de la Commune
Notes politiques — Timothée (folie) — Derniers jours
Vixerunt!

PARIS
E. LACHAUD, ÉDITEUR
4, PLACE DU THÉATRE-FRANÇAIS, 4

1871

Tous droits réservés

Paris, imp. de Paul Dupont, rue Jean-Jacques-Rousseau, 41.

AVERTISSEMENT DE L'ÉDITEUR

On a parlé de divers écrits dus à la plume de Rossel et confiés par lui à quelque ami pour être publiés après sa mort.

L'éditeur du présent volume croit devoir mettre en garde le public contre toute surprise à cet égard. Rossel n'a confié de manuscrits à personne autre qu'à ses parents, et la présente publication est, quant à présent, la seule qui soit autorisée par les légitimes détenteurs de ses papiers. Tous autres travaux qui seraient mis au jour, aujourd'hui ou plus tard, sous le nom de Rossel, seraient apocryphes ou proviendraient d'une source frauduleuse, et les possesseurs ou éditeurs en seraient poursuivis conformément aux lois. L'éditeur se réserve en outre, très-expressément, tous droits de traduction et de reproduction.

TABLE DES MATIÈRES

	Pages.
Préface.	1
Capitulation de Metz. — Entrevues avec le général Changarnier et le maréchal Bazaine	9
Le gouvernement de Tours	45
Lettre à M. Gambetta	62
Le camp de Nevers	64
Avant le 18 mars.	64
Lettre au général Kremer	64
Lettre au lieutenant L...	67
Note datée du camp de Nevers	70
La lutte à outrance.	75
Lettre à M. Gambetta.	79
Le 19 mars. — Lettre au général Le Flô	82
Mon rôle sous la Commune	85
Notes complémentaires	153
La défaite de la Commune	171
Notes et pensées	231
Timothée	265
Derniers jours	299
Aux amis de Rossel	299
Pour mes parents	305
Dernières recommandations	345
Épilogue	353
Vixerunt !	363

PRÉFACE

―

> Ne fallait-il pas qu'il souffrît de la sorte,
> et qu'il entrât ainsi dans sa gloire?
> (*Évangile selon saint Luc*).

Durant les jours rapides où Rossel exerça dans Paris la première autorité militaire, j'étais à Versailles, négociant entre le Gouvernement et la Commune, au nom des Syndicats de l'Industrie, du Commerce et du Travail parisiens, une pacification qui ne put aboutir.

Je voyais clairement, dans mes rapports avec le pouvoir, que l'on redoutait Rossel, soit à cause de ses talents, soit à cause de son incorruptibilité; mais chacun alors, à Versailles du moins, le considérait simplement comme un officier ambitieux, et je n'avais aucune raison d'être sûr du contraire.

Le jour où parut sa lettre de démission à la Commune, Rossel me fut révélé. On n'écrit pas ainsi sans être l'homme de son style : celui qui avait signé ce document n'était point un ambitieux déçu qui tombait du pouvoir, c'était un patriote qui dépouillait de généreuses illusions et de fières espérances.

De ce jour, et sans autrement le connaître, je conçus de l'estime pour Rossel.

Quand j'eus vu plus tard, devant les conseils de guerre, sa défense si claire et si loyale, son attitude si simple et si noble à la fois, mon estime devint de l'admiration.

Quand, plus tard encore, j'eus lu les quelques fragments que les journaux publièrent de lui; quand je l'eus vu de près et que, par delà ses actes publics, j'eus pénétré sa pensée intime; quand j'eus compris que le soldat citoyen avait l'étoffe et la portée d'un réformateur; quand j'eus constaté que cette intelligence avait été menée, par les chemins hardis de l'intuition, aux mêmes conclusions où m'avait conduit une longue observation des hommes et des choses; quand j'eus reconnu dans ce jeune homme, qui était mon cadet de quinze ans, un esprit qui était le frère aîné du mien,—oh! alors je me pris à l'aimer, à l'aimer d'une amitié passionnée, ardente, farouche, presque sectaire : car je sentais que celui-là était l'homme d'action de nos idées communes, et que pour le salut de ces idées, il fallait sauver cet homme.

Voilà pourquoi je le défendis avec cette âpreté, avec cet acharnement dont les uns me louent sans que je le mérite, et dont les autres me blâment sans que je daigne m'en apercevoir.

Hélas! je n'avais pour le défendre que mon dévouement, et ce dévouement était bien peu de chose, quoiqu'il ait trouvé de généreux et actifs auxiliaires. Aussi Rossel est mort!

N'ayant pu le conserver à la vie et à l'avenir, je dois à sa mémoire, je dois à mon pays et je dois à ma tristesse de fixer, autant qu'il est en moi, cette grande figure dans la conscience de ceux qui lui survivent. Pour cela, le mieux m'a paru être de le faire se révéler lui-même, de donner au public, comme garantie des faits et gestes de cette âme sans peur, le témoignage de cette plume sans faiblesse. La famille de Rossel a bien voulu remettre entre mes mains tous les manuscrits qu'il a laissés, tous ceux du moins qui n'ont pas été égarés ou soustraits : je puise à même dans ce précieux recueil, et j'y emprunte aujourd'hui les documents ou les récits qui me paraissent de nature à saisir davantage le sentiment public, parce qu'ils se réfèrent aux actes mêmes qui ont mis Rossel en lumière, parce qu'ils montrent les ressorts moraux et psychologiques qui le déterminèrent à ces actes, parce qu'ils sont ainsi le commentaire de sa vie et de sa mort.

Les travaux d'un genre plus impersonnel, les recherches d'érudition, les projets de législation, les essais de doctrine m'ont paru pouvoir être remis à plus tard : j'aurai ainsi le loisir de les mieux ordonner. Les aperçus sommaires que l'on trouvera dans les *Notes et pensées*, suffisent pour marquer dès à présent la direction des tendances de Rossel, et pour faire sentir quel cœur, quel esprit et quel bras ont été enlevés à la démocratie française par le crime ou la faute de nos gouvernants.

Qu'ai-je à dire de plus? Je ne me suis point proposé d'écrire ici la biographie de Rossel. Comme les peuples heureux, les hommes d'abnégation et de devoir n'ont guère d'histoire. Quand j'aurai dit que Rossel fut un fils dévoué et un frère affectueux; que partout où se passa sa jeunesse, il fut le modèle de ses camarades et par sa conduite et par son assiduité; qu'il se fit remarquer dans toutes les écoles, non point par la facilité qui fait les enfants-prodiges, mais par la solidité qui annonce les hommes ; quand j'aurai ajouté qu'il eut la folie d'aimer son pays en un temps où son pays avait oublié de s'aimer lui-même, et qu'il rêva d'allier à la discipline du soldat la liberté du citoyen, — j'aurai tout dit, en vérité, car j'aurai dit comment il a vécu et pourquoi il est mort.

Doux et fort, tendre et austère, modeste et inflexible, ignoré et patient, tel fut Rossel jusqu'à l'heure où les malheurs de la patrie l'arrachèrent à son obscurité, et le désignèrent comme une victime expiatoire des défaillances nationales.

Heureux Rossel ! puisque la destinée l'a choisi pour être l'un de ces grands régénérateurs par l'exemple, dont le sang marque les étapes de l'humanité.

Heureux ceux qui le pleurent ! car ceux-là sont dignes et capables de comprendre ce que promettait cette existence humble et grave, couronnée par une mort si éclatante et si terrible. Ce qui les console dans leur douleur, c'est cette grande parole de Rossel dans ses *Derniers jours* : « Ma mort sera plus utile que ma vie. »

La mort de Rossel, en effet, a, pour la première fois depuis nos désastres, secoué la France dans ses entrailles et ranimé en elle cette vie collective qui semblait défaillante, ce sentiment national que l'on pouvait croire disparu ; la mort de Rossel, en donnant à la jeunesse un martyr, lui a annoncé une foi ; la mort de Rossel a tué virtuellement, sinon encore en fait, cette fausse discipline militaire qui s'appelle le prétorianisme, et qui, en séparant l'armée du pays, fait d'elle l'agent de toutes les ambitions, l'instrument de tous les despotismes et de tous les priviléges ; la mort de Rossel, en donnant à la cause du peuple un héros qui était un soldat, a retrempé et refondu le soldat dans le peuple.

Telles ont été du moins les grandes espérances de Rossel mourant.

Si elles se réalisent, Rossel a bien fait de mourir pour les réaliser.

Si elles sont mortes avec lui et ne doivent pas revivre, Rossel a bien fait de mourir, pour ne pas voir le suprême abaissement de son pays.

JULES AMIGUES.

CAPITULATION DE METZ

Camp de Nevers, le 18 février 1871.

Mon bien-aimé Père,

J'ai vraiment tant et tant de choses à te dire que je ne sais par où commencer. Je commence par ce qui te préoccupe le plus : je suis colonel du génie au titre auxiliaire, et je ne serai jamais ni capitaine, ni commandant, ni lieutenant-colonel, car je quitterai le service si la paix honteuse dont on nous menace vient à s'accomplir, et si la guerre continue, je saurai me faire une place assez nette pour que personne n'ait à la contester. Tu sais qu'avant la guerre j'étais déjà fort dégoûté de cette vaste association d'incapables qui occupait les grades élevés, et convaincu que les efforts les plus intelligents et les plus heureux ne prévaudraient jamais dans cette armée contre la médiocrité tranquille : aujourd'hui j'ai rompu complétement avec le Génie et le Comité; les Frossart, les Coffinières, et d'autres moins en vue, sont d'assez beaux produits du système d'avancement de l'armée française pour que je renonce volontiers à concourir avec eux.

J'ai eu, depuis le début de la guerre, des aventures assez étranges et assez nombreuses; mais un trait particulier et qui t'étonnera, c'est que je n'ai jamais été envoyé au feu. J'y suis allé quelquefois, mais pour mon seul agrément, et j'y ai couru peu de dangers.

A Metz, je n'ai pas tardé à reconnaître l'incapacité absolue de nos chefs, généraux et états-majors, incapacité sans remède, confessée par toute l'armée, et, comme j'ai l'habitude de pousser les déductions jusqu'au bout, je rêvais, avant même la bataille du 14 août, aux moyens d'expulser toute cette clique : j'avais imaginé pour cela des moyens qui n'étaient pas impraticables. Je me rappelle que le soir, avec mon camarade ***, esprit généreux et résolu qui était tout à fait gagné à mes idées, nous nous promenions devant ces hôtels bruyants de la rue des Clercs, remplis à toute heure de chevaux, de voitures, d'intendants couverts de galons, et de tout le tumulte d'un État-major insolent et viveur. Nous examinions les entrées, et comment étaient placés les postes, et comment, avec cinquante hommes résolus, on pourrait enlever ces gaillards-là. Et nous cherchions ces cinquante hommes, mais nous n'en avons jamais trouvé dix.

Le 14 août, vers le soir, nous vimes, du haut des remparts de Serpenoix, l'horizon depuis Saint-Julien jusqu'à Queuleu illuminé des feux de la bataille. Le 16, l'armée avait passé la Moselle et trouvait l'ennemi devant elle. Aussitôt que je fus débarrassé de mon service, les convois de blessés qui arrivaient annonçant une grande bataille, je courus à cheval, par Moulins et Châtel, jusqu'au plateau de Gravelotte, où j'assistai à une partie de l'action à côté d'une batterie de mitrailleuses magnifiquement commandée : j'ai revu une fois depuis, le jour de la capitulation, le capitaine de cette batterie. Le 18, j'allai encore le soir voir la bataille, et je rencontrai le général Grenier ; il en revenait ayant perdu sa division, qui se débandait tranquillement, ayant usé toutes ses munitions et combattu sept heures sans être relevée. Le lendemain, le blocus fut complété.

Je n'en continuai pas moins à chercher des ennemis à ces ineptes généraux. Le 31 août et le 1er septembre, ils essayèrent de livrer une bataille et ne surent même pas engager leurs troupes Le malheureux Lebœuf chercha, dit-on, à se faire tuer et réussit seulement à faire tuer sottement beaucoup de braves gens. J'allai, le soir du 31, voir la bataille au fort de Saint-Julien, et, le matin du 1er septembre, à la queue du champ de bataille; j'y rencontrai en particulier Saillard, devenu chef d'escadron, qui attendait avec deux batteries le moment de s'engager. L'après-midi, lorsque je retournai au champ de bataille, on était en pleine retraite : j'ai rarement éprouvé un plus grand serrement de cœur qu'en voyant les dernières chances d'offensive qui nous restassent aussi honteusement abandonnées; car, chaque fois qu'on se battait, je reprenais confiance.

Enfin on connut le désastre de Sedan et la proclamation de la République. C'était vers le 6 septembre. Ce soir-là, j'étais chez Mme Cuvier, et le père Prost se montrait fort confiant dans la fausseté des mauvaises nouvelles; on me plaisantait fort d'y ajouter foi, et on me trouvait un alarmiste dangereux. Enfin on me fit dire, tout en riant, ce que je pensais de la situation, et je leur racontai comme quoi cela finirait par une capitulation, en les ajournant, pour me prendre au sérieux, au jour où ils défileraient sans armes devant les Prussiens. « Quoi ! dit Prost, vous ne nous accordez pas même les armes ? » Ceux qui m'avaient entendu ce soir-là me l'ont rappelé depuis.

Il n'y avait presque pas à Metz de mes contemporains du génie ; il n'y avait que Padovani de ma promotion. Sans cela, avec l'aide de quelques-uns de ces hommes vigoureux comme j'en connais, quelque chose aurait pu se faire. Mais les uns disaient : « C'est impossible; » à quoi je répondais : « C'est peut-être impossible, mais c'est absolument nécessaire. » Les autres s'imaginaient que Bazaine « avait son plan, » le pauvre homme ! Ton ami Worms écoutait avec plaisir mes demi-confidences ; sa finesse devinait le reste et devinait même plus que je ne pensais ; mais il avait là-dessus un scepticisme de bonne humeur qui s'est peut-être dissipé depuis la capitulation.

Bientôt Bazaine, dont les relations avec le quartier général prussien devenaient presque intimes et pleines de confiance, commença à ourdir ses intrigues bonapartistes. Je n'avais jamais eu l'intention de rien faire qui eût un caractère politique; mais ici la partie devenait belle, puisque Bazaine n'avait pas reconnu le gouvernement nouveau de la France; il suffisait de lever le drapeau du gouvernement français pour faire tomber à plat la coterie impérialiste. On commençait à parler de généraux disposés à ne pas suivre le maréchal dans ses intrigues; on prononça le nom de Clinchant, qui, chef d'un régiment de zouaves au Mexique, commandait alors une brigade de deux beaux régiments de « mexicains. » J'allai le voir en me servant de ton souvenir comme de présentation, et bientôt il en fut aux confidences et me dit combien il était peu assuré d'être suivi de ses régiments en tout état de choses. Il s'agissait, suivant lui, de donner un vernis de légalité au renversement des généraux, et pour cela il voyait deux moyens : d'abord organiser clandestinement les élections (qui devaient se faire le 16 septembre), et faire nommer représentants des hommes dont on fût sûr, et en particulier Changarnier. Ce moyen ne pouvait pas réussir ; les hommes du parti libéral dans Metz, avec lesquels j'avais des relations suivies, n'étaient ni des hommes de caractère, ni des hommes d'action. Un seul avait peut-être l'énergie voulue : un cordonnier de la rue de la Tête-d'Or, Péchoutre, vieux proscrit de 1851 ; mais il avait vieilli, son parti avait été désorganisé par vingt ans d'oppression ; les classes ouvrières étaient sans énergie et avaient perdu toute aptitude politique ; c'était un homme isolé et qui sentait tristement la faiblesse de notre parti. Quant à la bourgeoisie..., c'était la bourgeoisie : braves gens, bons pères, bons époux et bons gardes nationaux; mais, quand on leur présentait quelque résolution virile, donnant comme dernier argument : « Après tout, je suis marié, j'ai une famille... » — L'autre entreprise consistait à envoyer à Gambetta un émissaire pour lui exposer l'état des choses et revenir avec des pleins pouvoirs pour le général Changarnier, qui décidément était la tête de ce parti : — tête sans grande cervelle !

Envoyer un homme à Gambetta, c'était très-chanceux, mais surtout c'était très-long, et je doutais que l'agonie de l'armée pût durer aussi longtemps. Enfin, voyant que personne ne se déciderait sans l'appui de cette ombre de légalité, j'acceptai les offres d'un jeune élève de l'École polytechnique, qui m'était absolument dévoué et qui n'était pas lié au service. Mais avant de lui faire courir cette aventure, je voulus m'assurer si le jeu valait la chandelle, et j'allai voir Changarnier.

Je trouvai en lui un militaire éclairé, et

chez lequel l'âge paraissait n'avoir pas détruit une certaine vigueur. Les maréchaux l'abusaient en paraissant écouter ses avis et lui laissant espérer qu'ils seraient suivis ; lui-même il comptait toujours qu'on allait se battre : « C'est pour après-demain », me disait-il avec une confiance que j'étais loin de partager. Il ne voulut pas entendre parler de prendre aucune initiative sans ordre du gouvernement ; ses scrupules étaient fort honorables, mais je tâchais de lui prouver qu'ils étaient intempestifs : « Non, disait-il, je ne veux pas usurper le commandement dans une armée où je sers comme volontaire ; je ne veux pas déshonorer mes cheveux blancs. » Lorsque je le quittai, il me prit les mains et me les serra. « Vous voyez bien, mon général, lui dis-je, que ce que je vous ai proposé n'était pas déshonorant, puisque vous me tendez la main. » C'était vers le 26 septembre que cela se passait. Le lendemain, nous nous procurâmes des vêtements de paysan et nous passâmes plusieurs jours à chercher un point de départ favorable pour franchir les lignes et gagner promptement le Luxembourg. L'entreprise était tout à fait difficile. Sur ces entrefaites, le père de mon ami tomba malade, et le projet de départ fut ajourné.

Tu sais, par le blocus de Paris, comme les lignes prussiennes ont été rarement franchies : c'est ce qui excuse notre indécision. Mais l'impatience me gagnant, je voulus m'assurer, par autre chose que des probabilités, de la trahison de notre général. J'allai voir mon ancien camarade Albert Bazaine, neveu et officier d'ordonnance du maréchal, et je trouvai en lui tant de duplicité, et de duplicité maladroite, que je résolus de sacrifier décidément mon devoir de soldat à mon devoir de citoyen, et de tenter moi-même de traverser les lignes : ce que je fis le lendemain, vêtu des mêmes effets de paysan que nous avions achetés pour mon camarade l'élève de l'École. Mais, soit mauvaise chance, soit maladresse, après plusieurs heures passées à cheminer dans la pluie et l'obscurité, je fus pincé, à la lueur d'un rayon de lune, par des sentinelles prussiennes, au milieu desquelles je tombai tandis qu'on les relevait. On me conduisit à l'avant-poste : c'étaient des jeunes gens de bonne humeur qui me donnèrent gaiement d'affreux pain noir et un peu d'eau-de-vie. Le chef de poste, un jeune porte-épée, après m'avoir interrogé assez sottement en mauvais français, me fit conduire à la grand'garde, d'où l'on me mena au cantonnement. Je passai la nuit au poste après m'être séché devant un grand feu, car je grelottais de pluie ; — mes pauvres habits (le pantalon m'avait coûté vingt sous) étaient traversés ; — et le matin, je subis, d'un officier supérieur, un interrogatoire sommaire où il me prit pour quelque malheureux que la faim chassait de Metz. Alors il me fit reconduire par trois grenadiers jusqu'aux dernières sentinelles, avec ordre de me tirer dessus si je me retournais.

La précipitation des événements m'empêcha

de renouveler cette tentative, que j'avais faite, je crois, le 6 octobre. L'inaction de l'armée, les intrigues des généraux semblaient devoir aboutir à une capitulation prochaine. Bazaine et Coffinières commençaient à parler ouvertement de l'impossibilité de la résistance ; ce fut presque le moment le plus honteux de cette honteuse affaire. Avant de me décider à rien entreprendre pour avertir le gouvernement et mettre en avant le nom de Changarnier, j'avais voulu, comme je te l'ai dit, voir ce vieux général ; mais n'ayant trouvé chez lui qu'une résolution, celle de ne pas se compromettre, je ne l'aurais laissé proposer qu'à défaut de toute autre solution. Clinchant m'envoyait souvent son aide de camp Kremer, pour voir si quelque nouveau moyen ne se présentait pas. Incertain, hésitant, il ne voulait s'engager qu'avec l'appui de la population, et de son côté la population ne voulait s'engager qu'après l'armée. De la sorte, personne ne s'engagea. Mais voici ce qui arriva à un de mes camarades et à moi :

Nous nous occupions activement de trouver des moyens d'action contre Bazaine. Un samedi, Boyenval alla voir Changarnier, tandis que j'allais voir deux généraux fort intrigants du 3ᵉ corps. Ils m'accueillirent assez bien et me firent un tas de confidences intéressantes sur la mission Boyer et autres choses; mais lorsque je les vis disposés à traiter avec les Prussiens pour aller favoriser en France quelque changement politique, je rompis assez brusquement l'entretien, ne voulant pas me trouver avec des gens préoccupés de politique intérieure tandis que le pays était envahi. Je crois que ces gaillards-là (Changarnier en était, Aymard était le plus important après lui) étaient des orléanistes ou des ambitieux du pouvoir absolu. Mon long entretien avec Aymard fut très-curieux.

Le lendemain, j'étais dénoncé à Bazaine ainsi que mon camarade; j'ai su depuis que ce même jour Changarnier avait renoué des relations avec le quartier général. Bazaine fit appeler mon camarade, qui s'emporta et confessa ses tentatives patriotiques. On le conduisit dans un fort, où il fut interné.

J'arrivai au quartier général juste comme Boyenval en sortait avec un officier supérieur ; il paraissait récriminer assez vivement. Je l'appelai ; il me dit seulement que le maréchal voulait me parler. Je m'aperçus alors que son compagnon était un officier général. Je sus après que ce général l'avait remis aux mains d'un officier de gendarmerie, qui le conduisit incontinent au fort Saint-Quentin.

Je fus introduit dans ce vaste cabinet, qui est au fond du couloir à droite. Il était bien éclairé ; outre le maréchal étaient présents ses deux officiers d'ordonnance de service (Mornay-Soult et un grand cuirassier). Le maréchal est plutôt petit que grand et d'un embonpoint ordinaire. En me voyant avec mes bottes jaunes et ma vareuse militaire, il s'écria avec violence :

« Qu'est-ce que c'est que cette tenue ! Qu'est-ce que c'est que cette tenue ! » en me coupant la parole comme je voulais répondre. « Je ne comptais pas, répondis-je, avoir l'honneur d'être admis devant Votre Excellence. » Il parut subitement calmé. J'étais au milieu du bureau, pas loin de l'entrée, dans la position militaire. Le maréchal se promenait; les deux officiers étaient adossés à la cheminée. Le maréchal me questionna avec calme, peut-être avec une légère irritation ; je lui répondis avec pleine possession de moi-même, parlant très-nettement, et même à un certain moment je m'aperçus que le ton de ma voix était beaucoup plus élevé que celui de la conversation ordinaire.

Je ferai observer ici que le maréchal, non plus que ses neveux, ne fit pas preuve de grande habileté en cette occasion. Cela étonnera peut-être ceux qui sont accoutumés à supposer chez les gens en place une habileté au-dessus de la moyenne. Mais il suffit de faire remarquer que si le maréchal était un homme d'une capacité moyenne, ou s'il y avait eu des gens capables dans son entourage, nous n'en serions pas réduits où nous sommes.

Comme science militaire, comme science de gouvernement, les hommes qui nous gouvernent en sont à l'ABC ; il n'est pas étonnant qu'il en soit de même pour la petite diplomatie et la police.

Si j'ai des secrets à cacher, la société civilisée possède, particulièrement en France, des moyens tout prêts, de terribles mécanismes pour me les arracher. Il n'y a plus de torture, mais sans aucun doute un Camusot quelconque est plus apte à retourner un homme, il dispose de moyens plus redoutables que le maréchal dans son cabinet.

On interroge directement un homme qu'on veut intimider ; le maréchal n'a pas cherché à m'intimider — ou un homme qu'on veut séduire ; il n'a pas cherché à me séduire — ou un homme qu'on veut tuer après qu'on lui a parlé, et je suis sorti librement de son quartier-général.

Je n'ai même pas été suivi.

« Qu'allez-vous faire dans les camps ? » Telle fut la première question du maréchal, question assez vague pour qu'il me fût nécessaire de solliciter des explications avant de répondre; mais le maréchal ne voulant pas préciser et disant qu'il n'y avait rien à préciser, je répondis que je me promenais parfois hors de la ville, et que j'en avais toujours usé ainsi.

« Et de quoi parlez-vous en vous promenant ? » — « Je parle de toutes sortes de choses, de la situation actuelle, de ce qui se passe. » Il voulut que je définisse; et vraiment c'était difficile, sinon impossible, car on entend et on dit tant de choses, qu'il y en aurait, lui dis-je, pour jusqu'à demain à les répéter. « Eh bien, nous resterons jusqu'à demain, » dit le maréchal.

Cependant quand je lui dis que je causais parfois de la situation actuelle, il voulut y voir un aveu, et parut assez satisfait. Comme il me pressait là-dessus, sans toutefois préciser, je lui dis que je ne m'occupais pas de la situation actuelle parce qu'elle était actuelle, mais seulement au même titre que je m'étais occupé de celles qui l'avaient précédée ; que mes préoccupations relativement à la science militaire ne dataient pas d'hier, et qu'il était facile de s'assurer, en examinant mes notes, que je m'étais, depuis des années, occupé de ces études d'une manière continue ; que je ne faisais rien de clandestin... Mais je m'aperçois que j'intervertis un peu l'ordre de la conversation.

La première question un peu nette que me posa le maréchal, fut de savoir si je ne m'étais pas présenté chez des officiers généraux et des officiers supérieurs pour leur parler de la situation actuelle. Je répondis que j'en avais parlé à différents officiers !

— Mais vous ne les connaissiez pas !

— J'en ai parlé à des gens que je connaissais et à d'autres que je ne connaissais pas. — Mais vous y allez exprès. — Exprès pour quoi, monsieur le maréchal ?

On voit que mon *entrevue* avec Son Excellence avait pour point de départ quelque dénonciation en forme, avec circonstances spécifiées. Ce qui me valait cela, je l'avais vu dès l'abord, c'était l'imprudente démarche où j'avais arraché au général Aymard des détails sur le projet de capitulation.

Je retourne à mon interrogatoire. « Exprès pour quoi, demandai-je ? » — « Exprès pour vous informer des intentions de ces généraux et de ce qu'ils comptaient faire dans le cas où certaines circonstances se présenteraient. » Et un moment après, précisant davantage : « Dans le cas, me dit-il, d'une capitulation, à laquelle, Dieu merci, personne n'a encore songé. » J'opinai respectueusement d'un signe de tête pour approuver ces paroles ; le maréchal alla s'adosser à la cheminée ; les officiers étaient au fond, près du bureau.

Je ne me rappelle pas du tout comment la chambre était éclairée, mais je me souviens très-bien que tous les visages étaient en pleine lumière.

Le maréchal insistait, je me défendais. « Dans la haute situation où se trouve Votre Excellence, disais-je, il est naturel qu'elle reçoive une foule de rapports, qui se rapprochent plus ou moins de la vérité, et qu'il faut soigneusement contrôler avant de les croire. »

J'obtins du maréchal qu'il convînt que c'était une *accusation* qu'il portait contre moi, et je fis ressortir l'invraisemblance qu'il y avait à montrer un simple capitaine allant dicter à des généraux la conduite à tenir; j'exposai qu'il y avait un moyen bien simple de savoir si un officier perdait son temps dans des intrigues coupables, c'était de voir comment son service était fait et comment il s'acquittait des devoirs de son grade.

Le maréchal m'avait demandé quelle *mission* je remplissais en circulant dans les camps : « Je ne remplissais aucune mission; et quelle mission aurais-je pu remplir ? »

Dans la chaleur de ma défense, la conversation devenait pour ainsi dire familière; je riais de l'invraisemblance de cette mission d'un capitaine allant séduire des généraux. Je sollicitais une enquête, ou au moins une confrontation; ce ne pouvait être qu'un malentendu, une erreur de fait, que je demandais à discuter.

— Une pareille accusation, disais-je, veut être autrement examinée.

— Mais, dit le maréchal, il n'y a pas d'accusation !

— Je n'ai qu'une préoccupation, repris-je, c'est de faire en tout mon devoir.

— Je n'en doute pas, dit le maréchal.

— Enfin, résuma-t-il, je suis franc; je vous interroge avec franchise, répondez-moi avec une franchise égale (1).

---

(1) Il n'est pas besoin de faire remarquer que la franchise à laquelle le supérieur invitait le subordonné eût, dans la situation respective des deux personnages, manqué de garanties pour ce dernier. S'il eût donné dans le jeu du maréchal, Rossel eût suivi Boyenval au fort Saint-Quentin, et la tentative projetée était à vau-l'eau. Aussi cette scène singulière, où le maréchal et le capitaine ferraillaient en évitant de se porter des bottes à fond, appartient-elle à la meilleure comédie diplomatique. Le maréchal ne s'y montre pas de la force de M. de Bismark ; mais le capitaine y rendrait des points à M. Benedetti.   J. A.

— C'est, lui dis-je, ce que je m'efforce de faire depuis que vous me faites l'honneur de m'interroger. Posez-moi des questions, et je suis entièrement à vos ordres pour y répondre aussi nettement que possible.

Il en convint, et ne parut pas mécontent de mon attitude.

— Avez-vous vu, demanda-t-il, le général Changarnier?

— J'ai eu l'honneur de le voir une fois.

— Et que lui avez-vous dit?

— Rien qui mérite d'être rapporté. J'ai été très-heureux d'approcher d'aussi près cet homme éminent, dont j'ai souvent entendu parler dans mon enfance.

— Je n'ai pas l'honneur, dit le maréchal, de

connaître M. le général Changarnier ; il n'est venu me voir qu'une fois depuis qu'il est ici. (Le maréchal me croyait peut-être un affidé de Changarnier.)

— Et quel était le but de votre visite ?

Ici je mis quelque... coquetterie à répondre, ne trouvant rien de désagréable à me faire prier. Je dis que ce motif n'avait rien qu'il me fallût cacher ; que cependant je le dirais plus volontiers en la présence du général Changarnier qu'en son absence. Enfin, pressé par le maréchal, j'avouai qu'il s'agissait d'un mémoire militaire que j'avais rédigé sur la situation de l'armée (situation bien changée depuis ce temps, ajoutai-je en secouant la tête), et dont on m'avait assuré que le général consentirait à se faire le patron. J'y avais cependant renoncé ; car ce mémoire contenait des choses difficiles à dire ; il existait d'ailleurs, et on pouvait le consulter.

— Je ne dis pas, ajoutai-je, que ce travail serait en état d'être présenté tel quel à Votre Excellence ; mais ce que je puis assurer, c'est qu'il ne contient rien qui puisse m'incriminer.

— Je suis loin de vous blâmer, dit le maréchal, en terminant par une réticence.

J'ai oublié de dire qu'un des premiers chefs de l'interrogatoire du maréchal, que je l'avais énergiquement obligé à abandonner, avait été « que j'aurais entretenu des généraux de projets contraires à la discipline, et que je les aurais forcés à m'imposer silence. »

Je relevai très-fièrement ces derniers mots, en disant au maréchal que jamais je n'avais mis personne dans le cas de m'imposer silence. Et comme il revenait sur ces mêmes faits, je l'arrêtai de nouveau par la netteté de mes dénégations.

Tout cela se passa fort doucement ; je fus

respectueux comme il convenait de l'être, et le maréchal très-calme. C'était un supérieur interrogeant un inférieur sur un fait de service, indifférent, au fond, à l'un et à l'autre. Cependant, lorsque je lui dis que je ne cherchais qu'à faire mon devoir, lorsqu'il me répondit aussitôt qu'il n'en doutait pas, il y eut entre nous je ne sais quel étrange et violent sous-entendu. Je voudrais pouvoir reproduire la fermeté convaincue de mon accent lorsque je prononçai ces paroles, et je crus deviner dans le sien une nuance de tristesse.

Enfin, comme je devenais plus pressant et le maréchal moins assuré, comme je demandais la discussion et l'enquête sur les faits incriminés, comme le maréchal s'y refusait et me demandait seulement de répondre avec une franchise égale à la sienne, il me posa une dernière fois la question : « Si j'étais allé chez des officiers généraux ou supérieurs pour les engager à agir d'une manière déterminée dans certaines circonstances. » Je répondis par une négation très-nette, et j'attendis qu'il me donnât congé pour partir. Ce qu'il fit.

Une fois dehors, je m'aperçus qu'il était nuit close, et, craignant que les portes de la ville ne fussent fermées, je fis appeler un des officiers d'ordonnance pour me faire donner un laisser-passer. M. de Mornay-Soult se présenta, rentra dans le cabinet pour écrire le laisser-passer, et me traita en tout point avec une politesse exceptionnelle chez des hommes obligés d'évincer à toute heure tant de solliciteurs.

Je rentrai librement à Metz ; j'allai dîner à ma popote, et de là, je passai un moment au café, où on me regarda comme une bête curieuse, à ce qu'il me sembla.

Boyenval n'ayant pas reparu, je pris, pour éviter tout accident, les mesures qu'exigeait la prudence.

… Je sus, en effet, que le maréchal avait donné ordre aux généraux et à la gendarmerie « de faire arrêter, partout où on les trouverait *dans les camps*, deux capitaines du génie qui parcouraient l'armée en répandant des doctrines socialistes et excitant les soldats à l'insubordination. » Cet ordre me laissait en sûreté dans la ville, où j'avais mon service. Je me cachai néanmoins pendant deux jours et redoublai mes efforts pour entraîner la ville.

Mais l'arrestation de Boyenval avait refroidi bien des gens : lorsque, au bout de deux jours, j'allai, déguisé, au camp de Clinchant, il ne me vit pas, et son aide de camp Kremer, qui me reçut, m'apprit l'ordre d'arrestation et la renonciation de tout le monde à rien tenter. Cependant il ne renonçait pas absolument, mais il abandonnait des auxiliaires aussi compromettants que nous pour en chercher d'autres, qui étaient incapables de se compromettre.

Mes chefs directs me considéraient depuis

longtemps comme assez dangereux ; ils ne me parlèrent pas de mon absence momentanée. Mon chef du génie, Salanson, de la coterie Frossard, allait parfois chez Mme Cuvier, où je le rencontrais, et où les hasards de la conversation m'amenaient souvent à montrer des opinions fort différentes des siennes ; de là une certaine hostilité déguisée sous une cordialité apparente. Il savait que mes collègues et moi nous ferions le diable pour éviter la capitulation et pour en venir à quelque chose d'extrême.

Du 18 au 27, absolument isolé, je ne m'occupai pas de politique ; seulement, pour passer le temps, je passai une nuit aux avant-postes avec une compagnie franche qui faisait une guerre souvent heureuse aux Prussiens. Un lieutenant, entreprenant et sage, expert à cette guerre nocturne, me conduisit, avec une forte patrouille, jusqu'à quarante pas du retranchement ennemi, où nous essuyâmes à plusieurs reprises, sans perte et presque sans danger à cause de l'usage intelligent que notre chef faisait des plis du terrain, une fusillade soignée. C'est un de mes bons souvenirs, et je voudrais avoir travaillé plus souvent avec ces braves gens.

Pendant tout ce temps mon service marchait : il consistait à faire arranger les ponts-levis et les portes de la ville ; j'ai réparé et même refait presque tous les ouvrages en terre du Saulay, et le colonel Petit disait un jour, en s'y promenant, que c'était certainement le point de la place où les travaux de défense s'étaient le plus développés. Tout cela n'a servi qu'aux Prussiens.

Vers le 27, il parut certain que la capitulation était signée. J'eus la consolation de savoir qu'elle avait été négociée par Changarnier. Le 28 à midi, le hasard m'apprit qu'une réunion d'officiers du génie avait lieu au café pour résister à la capitulation. Nous fûmes assez nombreux. Un colonel, brave homme, intelligent et fin, mais incapable d'une résolution durable, prit la parole, s'éleva avec vigueur contre l'idée d'une capitulation, et demanda aux hommes résolus de se compter. Le général Clinchant promettait de prendre le commandement si l'on réunissait 20,000 hommes. La question une fois posée, la délibération devint confuse, et je ne tardai pas à prendre l'initiative : les officiers présents une fois rangés par corps d'armée, il fut aisé de voir qu'une très-faible portion de l'armée était représentée. On convint d'avertir autant de monde que possible, et que le lendemain, à neuf heures, Clinchant se ferait rendre compte de la quantité d'hommes réunis ; on devait venir s'inscrire dans une salle des bureaux du génie, qui nous servait de salle à manger. Ni Clinchant, ni son aide de camp, ni le colonel, ni les autres *initiateurs* de la réunion de la veille ne s'y trouvèrent, mais seulement deux élèves de l'École polytechnique, avec Padovani et moi. L'affluence fut considérable; beaucoup d'officiers se faisaient inscrire, et en particulier des officiers des régiments; des colonels avaient envoyé leurs adjudants-majors; beaucoup d'officiers venaient prendre des renseignements. Kremer fit une apparition dans la matinée et promit que Clinchant viendrait à une heure et parlerait aux officiers présents. Après déjeuner, l'affluence fut plus grande que le matin; mais on voulait voir Clinchant, et on l'attendit en vain jusqu'à trois heures. A ce moment, le même colonel du génie, si bouillant la veille, apparut, morne et découragé, et opina que la résistance était impossible et qu'il fallait se résigner. Au milieu du tumulte qui s'ensuivit, une délibération sur la possibilité de résister s'établit entre quelques officiers; mais on ne put se mettre d'accord, et cette tentative s'en alla en fumée. On rendait les armes et les canons à l'arsenal. Les officiers voulaient une grosse épaulette pour les conduire, et les grosses épaulettes caponnèrent, comme elles l'ont fait si souvent.

Le soir, je partis avec mon ami Padovani pour retrouver cette compagnie franche où j'étais allé quelques jours auparavant. Nous avions des fusils, des vivres et des cartouches.

Mais la compagnie était dissoute, les armes rendues. Le plus vigoureux des officiers qui la commandaient, mon lieutenant de l'autre nuit, avait poussé une reconnaissance jusqu'aux grand'gardes prussiennes, avait causé avec l'officier supérieur qui y commandait, et s'était assuré de l'impossibilité de s'échapper sans coups de fusil. Nous retournâmes chez nous, et le lendemain je repris mon paletot gris et mon chapeau rond : de braves gens de la campagne, mari et femme, m'emmenèrent dans leur village, à la limite des lignes françaises et prussiennes, à Châtel-Saint-Germain, qui était occupé par le 84e prussien. Je n'éveillai aucun soupçon parmi les nombreux régiments ennemis que nous rencontrâmes, et le dimanche 30 octobre, vers midi, ayant causé avec quelques

Prussiens et m'étant assuré que la circulation était rétablie, je mis une blouse bleue sur mes habits et je me dirigeai vers le Nord par une affreuse pluie et une boue profonde. J'arrivai à Luxembourg le 1ᵉʳ novembre à sept heures du soir, sans mésaventure mais non sans traverses. Le lendemain j'étais à Bruxelles. . . . . . .

LE GOUVERNEMENT DE TOURS

Camp de Nevers, février 1871.

Mon bien-aimé Père,

... Pendant mon séjour à Folkestone (1), une lettre ou rapport publié par M. de Valcourt, sous les auspices de Gambetta, et où mon nom était cité, me fit écrire à Gambetta pour indiquer nettement quelle avait été ma ligne de conduite. Cette ligne de conduite, qui peut te paraître singulière lorsque tu envisages quels sont les devoirs d'un officier en sous-ordre, a été dictée dès le début par la conviction absolue que nos

---

(1) Après avoir passé de Metz en Belgique, Rossel était allé embrasser sa mère en Angleterre.

généraux étaient tout à fait ignorants, et qu'*il fallait* tout faire pour arracher de leurs mains l'armée de la France. J'ai joué ma tête sur cette conviction aussi ouvertement qu'on peut le faire.

Une fois hors de Metz, j'appris plus clairement ce qui s'était passé dans le monde, le siége de Paris, le gouvernement prétendu républicain qu'on avait fait avec les débris de 1848. Je vis que Paris ne serait pas défendu avec intelligence ; je vis, à mesure que j'avançais en France, des choses de moins en moins encourageantes. Ce qui me frappa d'abord, ce fut le désordre de nos chemins de fer : les trains constamment arrêtés par suite de la désorganisation du service ; deux jours pour envoyer de Dieppe à Tours le courrier de Londres ; sur les voies de garage, à Mézidon, de longues files de locomotives inutiles, remisées et froides ; les wagons entassés en dehors des voies de circulation, enfin toutes les marques indiquant que ce puissant instrument de guerre restait sans utilité entre les mains du gouvernement. A partir du Mans, les gares étaient pleines de soldats et d'officiers. Et quels soldats ! quels officiers ! C'était à se frotter les yeux pour voir si l'on rêvait. Il est vrai que je tombais au milieu d'un mouvement stratégique, ce qui peut servir d'explication au désordre que je voyais. Ce spectacle était plus attristant à mesure qu'on approchait de Tours ; on pouvait se convaincre pleinement de l'incapacité du gouvernement. A Tours, les rues étaient pleines d'uniformes étranges ; chacun avait du galon à son chapeau, à son képy, à son paletot. Des francstireurs indisciplinés parcouraient la ville : que faisaient-ils là ?

Un de mes camarades d'école, ingénieur des ponts et secrétaire de Gambetta, m'introduisit chez le ministre à mon arrivée, ou du moins le jour de mon arrivée. Il avait ordre de me présenter sans retard dès que je serais à Tours.

Des officiers venus de Metz avaient parlé de moi, et le ministre, en me recevant « toute affaire cessante » et condamnant sa porte pour m'interroger sur Metz, me fit un accueil qui me flatta. Lorsque je lui eus dit ce que j'avais fait et ce que j'avais voulu faire, il me demanda où je voulais être employé, et où je pensais que je serais utile. Je répondis bonnement que je croyais pouvoir rendre des services si on m'employait à l'organisation des armées ou aux mouvements militaires, choses que j'avais étudiées. Le ministre alors me donna une lettre pour M. de Freycinet, qui occupait la place de délégué au ministère de la guerre, et, armé de cette lettre, je pus être reçu par M. de Freycinet deux jours après, à l'heure où il recevait le public. Étrange contraste ! autant Gambetta m'avait traité en homme considérable, autant Freycinet me traitait en solliciteur. Il y avait erreur d'un côté comme de l'autre, car je n'étais ni un personnage ni un solliciteur. M. de Freycinet était un homme grave, grisonnant, fatigué. « Supposez, me dit-il, que le ministère de la guerre fût à organiser ; quelle place choisiriez-vous ? » La question était singulière : je ne demandais la place de personne, et de plus, je n'ai jamais appris nulle part quelles places un ministre peut donner. Mais je t'ai dit que M. de Freycinet me traitait en solliciteur.

Je n'avais pas besoin qu'on me fît une place : j'en avais une toute faite, puisque j'étais capitaine du génie ; je demandais seulement qu'on me donnât des états de situation à débrouiller ou des cartes à étudier. Je répondis donc, après avoir un peu mâchonné la question du délégué pour voir si elle voulait dire quelque chose, « que si toutes les places étaient à donner, je prendrais la direction absolue des opérations ! » Il me fit répéter mon impudente réponse, et ce fut à son tour à réfléchir. Je crois que le résultat de sa réflexion fut qu'il ne m'emploierait jamais.

Voici ce qu'on faisait, sous la République de

70, des gens qu'on ne voulait pas employer : on leur donnait une mission. « Je ne puis réussir à savoir, me dit le délégué, où en est l'armée du Nord, et quelles forces sont disponibles dans cette région. » Et il me proposa, en termes assez séduisants, une mission dans le Nord, en me demandant ce que je pourrais y faire. « Cela dépend, répondis-je ; aurai-je des pouvoirs et des crédits ? » Il me fit connaître que je n'aurais ni l'un ni l'autre, et la mission finit par être une mission « d'études, » destinée à l'informer de ce qui existait, car il n'avait pas un seul état de situation de cette armée : Bourbaki en avait bien adressé un depuis son entrée en fonctions, mais cette pièce unique s'était perdue dans les bureaux du ministère. Cela t'étonne ? et moi aussi ! mais je n'étais pas au bout de mes étonnements. Je te dirai peu de chose de cette mission : je tirai le parti que je pus d'une situation fausse en elle-même, sachant qu'elle était fausse, mais ne m'inquiétant pas de ce détail. Avant de partir,

je vis, par convenance, le général Véronique,
qui formait à lui seul le Comité du génie ; il
m'exprima ses craintes de me voir accepter une
fonction qui me mettrait en présence d'officiers
beaucoup plus anciens et plus élevés en grade
que moi, dans des conditions exceptionnelles.
Je n'ai jamais aimé le Comité, même lorsqu'il
m'a honoré de ses faveurs. Je tranquillisai donc
le général Véronique en l'assurant que je saurais garder toutes les convenances vis-à-vis de
mes supérieurs. C'était une rupture avec le Comité, l'autocrate du Génie, rupture qui me fut
d'autant plus légère que j'y étais décidé de longue date, et particulièrement depuis le blocus
de Metz. Quand je dis rupture, je ne veux pas
dire qu'on ne serait pas enchanté de voir rentrer au bercail un ex-colonel de l'armée auxiliaire ; je veux dire que je n'aurai jamais rien à
espérer du Comité. Et qu'avais-je à espérer
avant la guerre, si ce n'est d'avoir ma part de
dangers après les favoris, ma part d'avancement

après les favoris... Ces pauvres favoris ! ils sont en Poméranie !

Je partis pour le Nord le 18 novembre, et j'y passai quinze jours. J'y retrouvai mes trois compagnons de table de Metz, tous échappés après moi aux Prussiens ; le dernier avait passé en accompagnant un corps mort dans un cercueil. Je récoltai beaucoup de renseignements et de notes ; je vis des préfets assez variés et des généraux assez uniformes. Les préfets, tous avocats ; les généraux, tous empaillés. Au premier coup d'œil j'écrivis au délégué qu'il n'y avait là rien de bon en fait d'armée, et je donnai mes raisons. Après quelques jours passés à Lille, j'allai à Mézières, qu'on disait bloqué par les Prussiens, sans rencontrer un seul Prussien : on ne s'imagine pas l'effet que produit un fantôme de Prussien. Lorsque je revins à Lille après quatre jours de voyage, l'armée que j'avais entrevue ou plutôt devinée venait de se faire battre à Amiens. Je courus à Arras, où j'arrivai avec les fuyards, et, vers le 3 ou le 4 décembre, je rentrai à Tours par l'aviso de service de Boulogne ou Calais à Dieppe.

C'est à mon retour que je vis combien ces missions étaient une étrange facétie. M. de Freycinet était toujours occupé et toujours invisible. Admis enfin avec les solliciteurs, je suis reçu par le chef du cabinet. « Ce n'est guère la peine de rendre compte de votre mission, me dit-il, le ministre n'a pas le temps de s'occuper des détails. Je lui ai mis sur son bureau toutes vos lettres (j'avais rendu compte jour par jour de mon travail), il ne les a pas regardées ; voyez, elles sont dans ce dossier. » Il ouvrit le dossier, elles n'y étaient pas. « C'est singulier, dit-il, il les a donc lues ? » Cela m'encouragea à laisser un « compte rendu sommaire » que j'avais préparé la nuit précédente ; puis je m'en allai, résolu à attendre des ordres, mais à ne plus aller les chercher dans des antichambres.

Cependant le fruit de la première affaire d'Orléans, victoire obtenue par une faute, venait d'être perdu. L'armée française était en retraite, et opérait, qui pis est, une retraite excentrique. Il y avait une double réaction contre les stratégistes ignorants qui avaient dirigé nos opérations : d'une part le parti de Gambetta, qui aurait voulu donner à ce ministre une part plus directe dans la conduite de la guerre, et lui voir employer des généraux et des officiers de son choix, au lieu de généraux cacochymes et d'officiers réactionnaires ; de l'autre côté, le parti réactionnaire, qui voulait renverser Gambetta, en lui attribuant la responsabilité des défaites, et nous ramener où nous allons aujourd'hui. Et Gambetta, que faisait-il dans tout cela ? Je ne sais : c'était un drapeau plutôt qu'un chef, drapeau dont le gouvernement se servait pour avoir l'air républicain et viril, et dont les hommes d'action auraient voulu se servir pour être virils et républicains. C'était une sorte de Louis XIII qui n'avait pas de Richelieu ; il faisait et défaisait des préfets pendant qu'on jouait la fortune de la France sur des cartes biscautées.

Le 6 décembre au soir, comme j'étais au café avec un ou deux camarades, entra Cavalier, mon ancien à l'École polytechnique, plus connu sous le nom de Pipe-en-Bois, journaliste, orateur de réunions publiques, et à ce moment secrétaire de Gambetta. Cavalier se mit à table avec nous, et, comme membre du gouvernement, ne tarda pas à nous prouver que tout était pour le mieux dans les armées de la meilleure des Républiques. Il me trouva incrédule, s'anima, discuta, pérora, jura, et, me trouvant toujours incrédule, finit par me prendre au sérieux ; d'autant plus qu'il savait en ce moment que les armées de la meilleure des républiques étaient un peu en débandade, qui vers l'Est, qui vers l'Ouest, qui vers le Sud. « Quand on a de ces idées-là, dit-il après m'avoir écouté, on les dit au ministre. » Et comme je répondais que le ministre n'était pas accessible, il fit la gageure de me faire parler à lui le soir même. Il était dix heures du soir; — nous entrons au ministère !

Me voilà à la onzième page de ma lettre, et je ne t'ai conté mes aventures qu'en en sautant les trois quarts; mais la destinée a si bizarrement joué de moi et, ma foi, de nous tous, pendant ces derniers mois, que rien plus ne m'étonne, et que je raconte le roman de mes caravanes comme si c'était l'histoire la plus simple du monde.

Mais où je suis embarrassé, c'est quand il me faut parler de Gambetta. Comment dire du mal du tribun énergique qui a proclamé le premier la déchéance de l'Empire, et qui a été, pendant six mois d'une crise désespérée, l'âme et la vie de notre gouvernement imbécile ? Comment dire du bien, d'autre part, du ministre indécis et ignorant qui ne savait ni la situation ni l'emplacement de ses armées, et dont l'activité stérile et inintelligente ne savait ni empêcher les désastres ni remédier à leurs effets? Je suis donc étrangement partagé quand je pense à Gambetta. Je sympathise avec sa puissance, son aversion pour le sang, sa conception rapide des choses, son dévouement à la Révolution; mais je déteste ses demi-mesures, ses faiblesses de chaque instant, ses concessions aux hommes de l'Empire et aux choses de l'Empire.

J'en étais au soir du 6 décembre. Nous arrivâmes dans la pièce qui formait comme l'antichambre de Gambetta, pièce inaccessible au public, et où se tenaient les secrétaires particuliers du ministre. On dictait une dépêche, on causait, on bavardait. Gambetta était à côté, dans son cabinet. Cavalier, puis Cendre, un autre de mes anciens, le sollicitèrent de m'entendre : il promit pour le lendemain; mais comme, dans ce pays-là, demain veut dire jamais, mes camarades insistèrent encore. Cependant le ministre était venu se camper dans un fauteuil de la grande pièce où nous étions. A propos de je ne sais quel crime d'un sous-préfet quelconque, il pérorait de sa voix de taureau ; puis, me voyant à la table de Cavalier, il vint me dire bonjour. « Et que faites-vous là ? » demanda-t-il, nous trouvant le nez sur une carte de France. — « Nous faisons des plans de campagne, comme tout le monde ; vous devez en avoir les oreilles rebattues ! » — « Venez me parler demain, » conclut-il. Mais Cavalier ne pouvait pas se décider à me laisser partir : il fit si bien que le ministre m'appela dans son cabinet vers minuit, et me garda, seul à seul, jusque vers deux heures et demie du matin, causant guerre et organisation d'armées. Sachant que je parlais à un homme énergique et honnête, je ne lui ménageai pas la vérité ; il se laissa séduire surtout par une idée de tiercements entre les gardes nationales mobiles, les mobilisés et la ligne, quelque chose d'analogue à la création des demi-brigades en 1794. Il voulait que j'en fisse le projet séance tenante pour l'armée de la Loire ; puis, craignant de désorganiser cette armée en présence de l'ennemi, il m'offrit le commandement du camp de Saint-Omer, pour faire l'expérience. Mais il ne me convenait pas de m'en aller si loin du point où allait se jouer la partie décisive. Il revint à l'idée de tiercer l'armée de la Loire, de manière à n'avoir plus qu'une seule espèce d'infanterie. Mais ce ministre de la guerre n'avait ni les états de situation ni l'emplacement exact des corps de sa principale armée, et je me refusai à toucher à l'organisation existante sans savoir au juste à quoi je touchais et sans opérer avec précision.

Peut-être, avec un peu de charlatanisme, me serais-je emparé solidement de l'esprit du ministre; j'ai assez étudié les organisations d'armées pour pouvoir jongler avec des numéros de bataillons ou improviser en l'air un système. Mais je respectais trop et l'homme à qui je parlais et les intérêts qui étaient en jeu. Après une longue conversation où Gambetta fut, ma foi, aussi aimable qu'un dictateur peut l'être avec un pauvre homme, il me fixa une heure pour le lendemain, pour étudier avec moi, sur des positions et des chiffres réels, la réorganisation de l'armée. Le lendemain, il ne me reçut pas. Était-ce méfiance, prévention, faiblesse ? je ne sais ; mais comme j'arrivais armé d'une petite feuille de papier à calque, mon camarade Cendre me dit que le ministre était au conseil, — ce qui n'était pas.

Le même soir je rencontrai au café le général Vergne, qui m'avait offert la place de chef du génie au camp qu'il allait commander, et j'acceptai cette place un peu par dépit. Je suis arrivé à Nevers le 18 décembre, après un séjour à Bourges qui ne fut pas sans épisodes, et je me suis employé à former des compagnies du génie. Malgré l'incurie qui empêcha les troupes d'arriver à ce camp, j'y ai réuni, un à un, vingt officiers et cinq cents hommes ; aujourd'hui le camp est dissous, la paix est peut-être faite, mais j'ai pu constater que ma petite troupe, livrée à elle-même, est beaucoup plus disciplinée, plus sage, plus sérieuse que les bataillons d'où je l'ai tirée.

La paix est faite, dit-on ; alors je ne suis plus soldat. Avant peu je te rejoindrai à Paris et je m'embarquerai soit dans la politique en France, soit dans l'industrie aux États-Unis, suivant que je serai plus ou moins dégoûté de notre misérable pays.

Adieu, mon bien-aimé père, je t'embrasse.

Ton fils affectionné,

ROSSEL.

LETTRE A M. GAMBETTA.

Décembre, après Beaugency.

Vous avez bien voulu me recevoir à mon retour de Metz, et me promettre de m'employer à l'organisation ou aux mouvements des armées.

J'espérais que les rapports favorables que vous avez reçus de ma conduite à Metz, et la bonne volonté dont j'avais fait preuve pour la défense du pays, me fourniraient l'occasion de vous entretenir de la conduite de la guerre actuelle, de vous signaler les fautes d'organisation et de stratégie qui étaient journellement commises, et qui vous conduisaient à une défaite.

Cette défaite a eu lieu.

vous marchez à un nouveau désastre ; et chaque insuccès livre à l'ennemi un lambeau du territoire, détruit les derniers restes de notre puissance militaire, jusqu'à ce que vous périssiez dans la défaite, et avec vous l'espérance de la patrie et de la liberté.

Au nom de notre foi commune dans cette patrie et dans cette liberté, accordez-moi un entretien sérieux, donnez-moi le moyen de vous prouver que je sais la guerre, de vous montrer les raisons de vos défaites passées et des insuccès que vous vous préparez. L'impéritie de vos administrateurs et de vos généraux n'est-elle pas assez démontrée pour qu'il vous soit permis de chercher, en dehors de la hiérarchie, les moyens de continuer la guerre avec moins de malheur?

ROSSEL.

LE CAMP DE NEVERS

Avant le 18 mars.

Camp de Nevers, 7 janvier 1870.

Mon cher Kremer,

Pas de nouvelles de vous depuis notre aventureuse rencontre au café de la Ville, à Tours. Vous commenciez à monter en graine, vous avez prospéré depuis, et, ma foi, j'ai commencé à suivre votre exemple. Le proverbe a raison, il faut prendre du galon. Ne songez-vous pas avec regret, en regardant vos étoiles, que si, il y a trois mois, nous avions eu ces bibelots, l'armée de Metz opérerait aujourd'hui en France? Il ne nous a manqué que du galon.

La question de la défense nationale va peut-être se poser un de ces jours comme la question de la défense de Metz s'est posée autrefois ; si Paris tombe, il va y avoir un de ces jolis moments de lâcheté générale dont le spectacle commence à nous devenir familier (1). Je ne sais pas si vous avez toujours la même idée de moi : vous me trouviez trop aventureux ! Je voudrais éviter que nous ne courions l'aventure de la paix, et je suis occupé aujourd'hui à communiquer cette impression à mes amis, et à leur demander leur avis.

Paris une fois tombé, le gouvernement que vous avez vu à Tours, et qui a déjà négocié trois ou quatre armistices, sera peut-être dis-

---

(1) Dans une autre lettre datée du camp de Nevers, 7 janvier 1871, et adressée par Rossel à son camarade Cendre, je trouve le curieux passage qui suit :

« Je n'ai pas renoncé au sot métier de prévoir l'avenir, et je pense : 1° que notre prochaine entreprise militaire se conclura par une défaite, parce qu'elle a été démasquée trop tôt et conduite avec décousu ; 2° que Paris tombera, à moins que Paris n'ait plus de trois mois de vivres : on ne peut pas savoir de si loin ; 3° *qu'au moment de la chute de Paris, il y aura une crise de désorganisation sociale dont les réactionnaires et les capons profiteront pour tenter de couler l'affaire de la défense nationale.* »

posé à en négocier un sérieux, un de ces armistices, mortels pour les vaincus, qui suivent les grands désastres. Que ferez-vous alors ? Je ne sais trop pourquoi je vous le demande, à vous, Lorrain : je sais parfaitement que vous continuerez la guerre. Écrivez-moi donc un mot à ce sujet, ne fût-ce que pour me dire que vous n'avez pas changé d'idées depuis Metz et depuis Tours.

Vous avez dans votre voisinage un de mes anciens camarades, Bourras, lieutenant-colonel du génie, qui commande des partisans. C'est un patriote sérieux et un vrai militaire. Vous retrouverez au 20e corps, si vous le rencontrez, notre ami Padovani, avec lequel nous travaillions à Metz ; il est toujours capitaine du génie. Tâchez de le tirer de là et de lui donner des troupes à conduire. Vous trouverez rarement un bonhomme plus résolu.

Je vous écris de Bois-Vert, par Magny-Cours (Nièvre). Je suis chef du génie du camp

de Nevers. J'ai un petit noyau d'officiers patriotes auxquels je donne des mobilisés pour
en faire des soldats, mieux encore, des
soldats du génie. Cela a l'air de réussir. Nous
verrons plus tard si cela résiste au feu. Je
vous serre la main.

Votre tout dévoué.
ROSSEL.

CAMP DE NEVERS
LE CHEF DU GÉNIE.

Meauce, 29 janvier 1871.

Monsieur L***, lieutenant commandant la 2e compagnie du génie à Bois-Vert.

Le bruit commence à se confirmer d'un armistice de vingt et un jours et d'élections pour le 8 février. Ayez votre compagnie en main. Tenez vos hommes sans aucune faiblesse. Sont-ils à vous?

Il ne s'agit pas de faire des baraques ou des fours, mais des soldats, des hommes, des citoyens.

Voyez vos sous-officiers et caporaux ; faites-leur des théories sur ce que vous voudrez.

Veillez à ce que vos gradés voient les hommes, aient de l'action sur eux, de l'autorité et en fassent usage.

Je ne puis pas envoyer à la cible tant que mon armement n'est pas organisé, sacré nom ! Combien de fois vous ai-je parlé de tous ces détails ? Vous avez trois paresseux d'armuriers. Il faut, il faut que tout l'armement soit prêt dans deux jours, ou je me fâche.

Achetez de la graisse à souliers; j'ai des souliers pour vous.

Cantonnez-vous mercredi dans les baraques, officiers et soldats ; il ne s'agit plus de lanterner.

Quand je vous dis de faire des ceinturons, c'est que cent de nos hommes en manquent. Vos ouvriers sont mous comme des chiques. Un peu moins de menuiserie.

Si je m'adressais à vous comme officier soumis à mes ordres, je n'aurais pas le droit de vous demander l'impossible. Êtes-vous venu ici comme soldat ou comme patriote ? Si comme soldat, vous êtes bon à rejoindre en Allemagne vos trois ou quatre cent mille camarades. Vous êtes venu comme patriote ; je vous demanderai l'impossible, et vous le ferez. Tâchez de vous y accoutumer dès aujourd'hui.

Votre ami,

ROSSEL.

NOTE DATÉE DU CAMP DE NEVERS

Les opérations militaires ont été constamment malheureuses à force d'impéritie ; les plans ont toujours été vicieux et les chefs incapables. Chanzy seul a peut-être montré du talent ; encore ne sera-t-il jugé que lorsqu'on saura quelles forces il avait devant lui, et ce seul général qui eût inspiré la confiance, a été laissé en dehors de l'échiquier, occupé, avec des forces insuffisantes, à couvrir quoi ? la Normandie, la Bretagne, le Poitou.

Gambetta était devenu rapidement un homme politique ; il fallait qu'il devint homme de guerre, et c'était là notre espérance depuis le temps où, enfermés dans Metz, nous avions approfondi toute la nullité de nos généraux. Gambetta ne l'a pas voulu ; il a abdiqué l'imperium en faveur de spécialistes ignorants, croyant peut-être que la guerre a des mystères d'une étude difficile, ou qu'il faut avoir débuté par l'école du soldat pour comprendre la stratégie. Encore, malgré ce parti pris malheureux, Gambetta a deviné beaucoup : un peu d'étude, très-peu, lui eût appris cent fois plus.

Au lieu d'avoir un patriote à notre tête pour la cause suprême de la défense, nous avons obéi à des réactionnaires de toutes les couleurs; on a fourré à notre tête tous les podagres de l'annuaire. Ils ont accepté la responsabilité en s'arrachant les cheveux de terreur, et ont péri par leur propre impuissance beaucoup plus que par l'habileté de leurs adversaires.

Toutes les opérations ont été vicieuses, toutes.

La reprise d'Orléans a été exécutée par une faute puérile, classée dans tous les traités d'art militaire et cataloguée sous le nom de « concentration sur un point occupé par l'ennemi. »

La seconde prise d'Orléans a aussi son nom parmi les grandes fautes. C'est une « retraite divergente. »

La bataille d'Amiens s'appelle « défensive passive, » aussi bien que les opérations qui ont précédé la reprise d'Orléans par les Prussiens.

La marche de Bourbaki vers l'Est a été gâchée. Le crime de coller une armée contre une frontière neutre et de découvrir toute sa ligne d'opérations sur une longueur de 150 kilomètres, n'a pas de nom dans la science militaire. Si Gambetta avait fait lui-même, au lieu de se mettre à la discrétion d'un vieux soldat usé qui ne marchait qu'à regret, la belle opération qu'il avait conçue n'aurait jamais pu se changer en un honteux désastre.

La République est aussi criminelle en cela que l'Empire, parce qu'elle a été aussi inintelligente dans le choix des chefs. Que le gouvernement de Bordeaux récrimine contre le gouvernement de Paris, c'est juste ; mais il est juste aussi que nous récriminions contre le gouvernement de Bordeaux.

Dirai-je combien l'organisation a été défectueuse, et combien l'héritage malheureux de l'Empire a encore été dilapidé entre nos mains? Nous avons subi la distinction de l'armée et de la mobile, mais c'est nous qui avons inventé les mobilisés, multiplié les uniformes et les systèmes, exclu les hommes mariés de la défense nationale sous le prétexte invalide que cela ruinerait le pays. Est-il assez ruiné désormais, le pays?

Et quels organisateurs incapables! Ils n'avaient qu'une seule crainte, avoir trop de monde à instruire ; ils excluaient du recrutement autant de monde qu'il leur était possible. Ils ne savaient ni réunir les hommes, ni les commander, ni les instruire. Et le gouvernement multipliait leur travail par la création déraisonnable des camps d'instruction, dont je n'ai jamais pu faire comprendre la folie.

Essayons cependant : le gouvernement avait une tâche déterminée à accomplir dans un temps déterminé : instruire des soldats. A cette tâche difficile, il a ajouté celle de créer dans le même temps des baraquements nombreux ; en faisant de nouveaux corps, il a produit la création d'autant de dépôts par des administrateurs sans expérience ; en isolant les mobilisés hors des villes après en avoir retiré tous les anciens soldats, il les a privés de chefs et d'instructeurs.

L'*artillerie* n'a pas su sacrifier un clou de son matériel savant et durable : ses canons et ses affûts, ses caissons, ses harnais dureront quarante ans, c'est vrai, mais ils ne seront achevés qu'après la guerre. Ayant besoin de *faire vite*, avons-nous simplifié notre armement ? Non, nous l'avons compliqué par l'adoption du canon rayé. Nos défaites ne tenaient pas à l'armement défectueux, mais à des causes d'un ordre incomparablement plus élevé. Le canon rayé est bon pour les badauds : ayons des canons lisses et sachons les servir.

La *cavalerie* a été aussi méthodique que l'artillerie, et aussi incapable sur les champs de bataille.

LA LUTTE A OUTRANCE.

La défense à outrance, la continuation de la lutte jusqu'à la victoire n'est pas une utopie ; ce n'est pas une erreur. La France possède encore un immense matériel de guerre, un grand nombre de soldats ; la ligne de la Loire, qui est une excellente frontière, est à peine entamée tant que Bourges n'est pas perdu ; mais fût-elle acquise à l'ennemi, l'attaque des provinces méridionales devient difficile à cause du massif de l'Auvergne, qui oblige l'ennemi à partager ses efforts entre Lyon et Bordeaux. Un échec des Prussiens sur l'une de ces deux lignes les dégage toutes deux.

En thèse générale, la défense à outrance ne peut pas être nuisible à un peuple. L'erreur que nous commettons en faisant la paix est la même qui a perdu Carthage : un peuple riche et un peu sceptique est toujours sollicité à commettre cette faute ; son vainqueur n'a plus alors qu'à l'exploiter doucement jusqu'à ruine complète.

Au contraire, la résistance a souvent des chances heureuses. Rappelez-vous la bataille de Cannes ; la conquête de la Hollande par Louis XIV, à la tête de quatre armées les plus puissantes de l'Europe, commandées par Turenne et Condé; l'envahissement de l'Espagne par Napoléon en 1808 : voilà trois situations qui étaient, et de beaucoup, plus désespérées, plus accablantes, qui laissaient bien moins de chances à une issue honorable que notre situation après la prise de Paris. Cependant toutes trois ont été heureuses, et ce n'est pas un effet du hasard, mais peut-être l'effet d'une loi constante, dont un des caractères les plus nets est le dépérissement des armées victorieuses.

Une armée qui fait une guerre active se détruit, lors même qu'elle a toutes facilités de se recruter. Les recrues qu'elle reçoit maintiennent sa force numérique, mais ne remplacent ni les vieux soldats ni les officiers qu'elle a perdus. C'est par le défaut d'officiers qu'a péri l'armée de Napoléon ; il en est de même de l'armée d'Annibal ; il en sera de même de l'armée prussienne, et plus promptement encore, sans compter que la mort de M. de Bismarck ou de M. de Moltke peut tout emporter.

Le mot de Pyrrhus vainqueur n'est pas un paradoxe. Il vient souvent un moment pour les conquérants, où le désastre est tout entier en germe dans une victoire ; ce moment, c'est Cannes ou la Moskowa. Pourquoi les Prussiens n'auraient-ils pas la même aventure? Il ne s'agit que d'attendre le moment, les user, les lasser, leur faire trouver Capoue dans nos villes, mais ne jamais faire marché avec eux pour notre rançon.

Nous manquons de patience ; nous faisons la paix aussi inconsidérément que nous avons fait la guerre. Ce peuple est trop mobile et trop sceptique. Il y a quatre-vingts ans on a pu le fanatiser avec les idées de liberté, de propagande égalitaire, de démocratie universelle ; à quoi croira-t-il maintenant !!

ROSSEL.

LETTRE A M. GAMBETTA.

Février.

Enfin, vous n'êtes plus ministre, ni *mon* ministre ; sans doute le dégoût vous a pris, ou bien vous étiez las de cette impuissante dictature que vous exerciez, las de tant de petits cerveaux qui vous entouraient, de tant de petites idées et de petites préoccupations qui vous étreignaient.

Arraché à ce gouvernement où votre vigueur était un reproche pour chacun, vous êtes rendu à la cause de la défense ; plus d'ambitions à contenir ou à satisfaire, plus de Bourbaki à ménager, plus d'équilibre à maintenir entre vos hommes, qui étaient réactionnaires, et vos idées, qui étaient libérales. La Révolution est peut-être à refaire. — Si ce terrible passage au pouvoir ne vous a pas usé, j'espère que nous la referons.

Ce qui vous a manqué, c'est l'intelligence militaire : c'est aussi ce défaut qui vous a perdu. La décision et l'audace dont vous étiez rempli, ont honteusement fait défaut à vos généraux : ce sont là pourtant les vraies qualités des hommes de guerre.

Je n'ai jamais compris, pour moi, ce que vous faisiez dans votre cabinet. Quand je songe que Napoléon faisait en quelques heures par semaine ce travail de contentieux où l'on vous réduisait, je prends le parti du despote contre vous. Il faisait la guerre, et vous, vous la laissiez faire. Votre gouvernement n'a pas été un gouvernement de combat ; il a trop ressemblé à celui qui l'avait précédé : beaucoup de bureaux, — quelque peu de police.

N'importe ! vous n'êtes plus gouvernement : vous restez l'homme le plus déterminé et le plus intelligent qui se soit manifesté dans notre parti. J'ai amèrement regretté pour nous de vous voir abdiquer, ou plutôt de vous voir éliminé peu à peu du pouvoir. Mais la sympathie mêlée de pitié que j'avais pour votre pouvoir me fait excuser cette faute, et je voudrais de tout mon cœur vous aider à exercer votre influence dans les conseils qui vont s'ouvrir.

Mes illusions, les espérances que j'avais portées sur vous datent de la révolution de septembre. Votre jeune renommée me rassurait contre l'impuissance de votre entourage décrépit. Je savais combien vous étiez promptement devenu homme politique, et je me flattais que vous deviendriez aussi vite homme de guerre. Vous n'avez pas même essayé : le hasard vous a livré quelques-uns des secrets de notre métier, mais l'ensemble vous a échappé : volontairement vous vous êtes mis aux mains de nos généraux imbéciles. Ne puis-je pas vous aider ? Plus d'une fois . . . .

LE 19 MARS.

Camp de Nevers, le 19 mars 1871.

*Monsieur le Général Ministre de la guerre,
à Versailles.*

Mon Général,

J'ai l'honneur de vous informer que je me rends à Paris pour me mettre à la disposition des forces gouvernementales qui peuvent y être constituées. Instruit par une dépêche de Versailles, rendue publique aujourd'hui, qu'il y a deux partis en lutte dans le pays, *je me range sans hésitation du côté de celui qui n'a pas signé la paix et qui ne compte pas dans ses rangs des généraux coupables de capitulation.*

En prenant une aussi grave et aussi douloureuse résolution, j'ai le regret de laisser en suspens le service du génie du camp de Nevers, que m'avait confié le Gouvernement du 4 septembre. Je remets ce service, qui ne consiste plus qu'en arrêtés d'articles de dépenses et remise de comptabilité, à M. F., lieutenant du génie auxiliaire, homme intègre et expérimenté, qui est resté sous mes ordres par ordre de M. le général Vergne, en vertu de votre dépêche en date du 5 du mois courant.

Je vous informe sommairement, par lettre adressée au bureau du matériel, de l'état dans lequel je laisse le service.

J'ai l'honneur d'être,

  Mon général,

 Votre très-obéissant et dévoué serviteur.

    L. ROSSEL.

MON ROLE SOUS LA COMMUNE

CLUSERET, DELESCLUZE, ETC.

Prison de Versailles, 20-24 juin 1871.

Avant le 18 mars je m'étais préoccupé du parti que j'aurais à prendre en cas d'insurrection à Paris. La condamnation à mort de plusieurs hommes du parti démocratique pour un mouvement qui avait eu lieu pendant le siége, et la suppression de plusieurs journaux, avaient augmenté mes sentiments d'hostilité contre ces vaincus, incapables et humbles en face de l'ennemi national, audacieux et impudents en présence des partis.

Les journaux avaient fait le dénombrement de l'artillerie existant dans Paris ; j'y avais remarqué surtout plus de six cents pièces de campagne. Les armes portatives et les munitions y étaient aussi en abondance. Si l'on savait mettre en œuvre cet immense matériel, il n'était pas impossible de ressaisir la victoire. J'écrivis dans ce sens à un homme intelligent qui avait pris une part active aux mouvements populaires dans Paris depuis le début de la guerre. Il me répondit par des renseignements précis, mais l'impression générale de sa réponse était l'incapacité, le manque d'organisation du parti d'action et l'impossibilité d'un mouvement. Son opinion sur ce dernier point était catégorique et bien motivée. Cependant l'existence d'un matériel de guerre suffisant pour lutter et d'un parti disposé à la lutte me séduisaient en dépit de tout. Je ne prévoyais pas l'éventualité d'une guerre civile autre qu'une guerre de rues.

Le 19 mars, une dépêche de M. Thiers, affichée officiellement, à Nevers, annonça l'évacuation de Paris par le gouvernement et par quarante mille hommes de troupes en bon ordre. Quand même je n'aurais eu aucun penchant pour la révolution, ce dernier détail m'aurait jeté dans l'insurrection. L'armée n'était pas assez abreuvée de hontes dans cette guerre; il fallait que quarante mille hommes quittassent Paris sans combat, sans un jour de lutte, en présence d'un ennemi aussi méprisable que l'est toujours une insurrection, et après avoir eu même l'avantage de l'offensive, qui est la seule chance réellement favorable d'un mouvement insurrectionnel.

Le soir, en dînant, mon hôte, M. de L..., devinant que j'avais pris parti, eut avec moi une conversation où il chercha discrètement, et avec les sentiments de la plus amicale bienveillance, à me détourner d'une résolution aussi extrême. S'il se souvient de cet entretien, son témoignage pourra m'être utile. Ce qu'il me dit me toucha et m'attrista sans me convaincre. Je lui représentai qu'en somme, cette révolution était faite par le peuple, par ceux qui souffrent de l'ordre social actuel ; que les erreurs ou les crimes dont la Révolution pouvait être entachée ne devaient pas empêcher les gens honnêtes et instruits de se joindre à leur parti dans cette circonstance critique ; en un mot, mon départ fut plutôt un sacrifice qu'autre chose, et dans le désastre et l'affaissement de tout le pays, le parti révolutionnaire parisien n'était à mes yeux qu'un pis aller.

J'appris le même soir le meurtre des généraux Thomas et Lecomte : de pareils faits sont presque inséparables des révolutions.

Je partis dans la nuit de Nevers, et j'arrivai à Paris le 20 mars au matin.

Sur la première affiche que je lus, je vis les noms de Lullier et d'Assi : ce fut mon premier dégoût et mon premier déboire. Je m'informai où siégeait le Gouvernement et j'allai à l'Hôtel de Ville faire inscrire mon nom et demander du service.

Le 22 mars, je fus présenté par des amis au Comité du 17ᵉ arrondissement, et, le même jour, je fus nommé par le Comité central de l'Hôtel de Ville et élu par le Comité du xviiᵉ arrondissement chef de la 17ᵉ légion.

Les premiers jours de mon commandement furent occupés à prendre des dispositions contre le mouvemeut réactionnaire qui se préparait sous les ordres de l'amiral Saisset, et qui avait une de ses principales places d'armes à la gare Saint-Lazare, tout près de mon arrondissement. On amenait à la mairie des prisonniers, arrêtés généralement dans les trains qui partaient pour Versailles ; il régnait contre eux une grande animation, et j'apportai tous mes soins à les protéger, étant naturellement opposé à toutes les violences dont les révolutions sont le prétexte, et déterminé à n'en permettre aucune à aucun prix. Je fis traiter humainement ceux qui étaient retenus, et je délivrai tous ceux que je pus, les conduisant moi-même jusqu'en dehors de la foule mécontente. Ces gens-là doivent me garder quelque reconnaissance, car ils s'étaient crus bien près d'être fusillés.

La retraite de l'amiral Saisset rompit les espérances de la réaction; presque aussitôt eurent lieu les élections pour la Commune, qui se firent par les soins et l'autorité de la Fédération de la garde nationale (26 mars).

Je ne sais pas si c'est la Fédération qui avait fait la révolution du 18 mars; mais ce qui est certain, c'est qu'elle avait confisqué cette révolution et exclu de toute participation aux affaires les républicains les plus avérés, les membres les plus actifs de l'Internationale, s'ils n'appartenaient pas à la hiérarchie de la Fédération. C'est ainsi que des conflits s'élevèrent, dès le début, entre les maires et adjoints, républicains et révolutionnaires, de certains arrondissements, et les délégués de bataillon formant le Conseil de légion ou Comité d'arrondissement. Ceux-ci confisquèrent, au nom de la Fédération, les pouvoirs municipaux, dont ils usèrent sans intelligence et parfois sans honnêteté. Il en fut ainsi dans le XVIIIe arrondissement, et dans le XVIIe, où je me trouvais.

Ce conflit terminé, il s'en éleva d'autres entre des délégués du Comité central de la Fédération et le Comité d'arrondissement, au sujet des élections.

Les élections faites, il semblait que tout pouvoir dût retourner à la Commune ; il n'en fut rien, et la même lutte continua entre les délégués de la Commune et le Comité d'arrondissement (ou Conseil de légion).

Dans toutes ces dissensions, j'étais constamment appelé à prendre parti en qualité de chef de la force armée, et je ne ménageais pas le Comité d'arrondissement, qui était bien le petit despotisme le plus idiot qu'on puisse imaginer ; enfin, lorsque la municipalité envoyée par la Commune voulut s'installer, il me fallut faire arrêter le plus autocrate de ces démagogues.

En même temps que de ces querelles, je m'occupais de rallier à la Révolution le 33e et le 90e bataillon : j'y réussis sans violence et sans accidents ; je m'occupais aussi des bataillons de la banlieue voisins de mon arrondissement, depuis Saint-Ouen jusqu'à Suresnes. La Révolution, depuis le départ de l'amiral Saisset, eut quelques jours de progrès réels, et j'arrivai à compter dans l'arrondissement dix-sept bataillons fédérés, au lieu de sept qu'il y avait à mon arrivée. Quelques détachements de l'armée, demeurés sans chefs, adhérèrent à la Fédération, et j'y fis procéder à des élections qui donnèrent de bons résultats.

Le Comité central, pendant son court gouvernement, avait prescrit la réélection de tous les cadres des bataillons fédérés : ce fut là le véritable écueil du commandement. Ces élections se firent dans un esprit très-peu éclairé ; les convocations étaient entravées par le service militaire dont les bataillons se surchargeaient comme à plaisir ; il fallait constamment renouveler les élections qui avaient été incomplètes, irrégulières ou sans résultat; enfin on arriva à grand'peine, et après des variations sans nombre, à élire des chefs sans autorité, sans instruction et sans dignité. Les cadres continuèrent à changer et les élections à se renouveler jusqu'à la chute de la Commune ou peu s'en faut.

Ainsi se termina le mois de mars. Les délégués de la Commune à la mairie de mon arrondissement étaient Malon, Gérardin et Varlin. Ils me considéraient comme capable de rendre de sérieux services militaires à la cause révolutionnaire, et cherchaient à me faire entrer dans les conseils où se décidaient les questions militaires.

Sur ces entrefaites, eut lieu, dans l'étendue de mon commandement, le premier engagement de la guerre civile. Une reconnaissance de deux escadrons de cavalerie chassa du rond-point de Courbevoie un détachement d'un bataillon de la banlieue, et un garde national fut sabré par un officier. Cette reconnaissance s'avança jusqu'au pont de Neuilly, et se retira devant l'attitude résolue d'un autre détachement de la banlieue, qui occupait la tête du pont.

Le lendemain, un fort détachement, que j'envoyai, occupa sans résistance le rond-point évacué la veille; mais il revint en désordre quelques heures après, ayant été abandonné par ses chefs.

Le jour suivant, l'ennemi revint avec du canon, plaça une batterie au rond-point et canonna le pont de Neuilly, qui fut abandonné ; les obus arrivaient jusqu'aux remparts. C'était probablement le 1er avril. Je projetai alors de passer la Seine au pont d'Asnières la nuit suivante, et d'aller par la ligne du chemin de fer reprendre Courbevoie et le pont de Neuilly. Ce mouvement aurait été très-efficace ; jusqu'au 15 avril il aurait été opportun, mais la mauvaise qualité des troupes en empêcha constamment le succès.

Le 1er avril, autant qu'il m'en souvient, je fus appelé, avec les autres chefs de légion, à un conseil de guerre à l'État-major de la place Vendôme : c'est probablement là que fut élaborée et résolue la marche sur Versailles qui coûta la vie à Flourens ; j'y passai environ deux heures, et voyant qu'on ne disait rien de sérieux, je m'en allai, après avoir reçu l'autorisation de mettre à exécution la tentative que j'avais projetée contre Courbevoie.

Cette tentative aboutit à l'échec le plus complet, peut-être à cause des défauts du plan en lui-même, mais surtout à cause de la mauvaise qualité des troupes et des officiers. Je partis avec sept bataillons, se montant ensemble à 2,000 hommes environ, divisés en trois groupes sous les ordres de Malon, membre de la Commune, de mon sous-chef de légion et de Gérardin, membre de la Commune. Il y avait au moins deux bataillons qui étaient complétement ivres; d'autres se plaignaient de ne pas avoir mangé. La tête de colonne, que je conduisais, me suivit en bon ordre, mais les autres bataillons, dont les officiers étaient sans autorité, ne tardèrent pas à s'asseoir sur les bords du chemin, à se quereller, à se plaindre; il y eut deux ou trois paniques, enfin le désordre le plus parfait. Les officiers ne firent nullement leur devoir. Malon et Gérardin payèrent de leur personne ; je fis de mon côté tout ce qu'il était possible pour obtenir quelque chose, jusqu'à ce qu'enfin, voyant l'impossibilité de conduire ces gens à l'ennemi, nous résolûmes de les faire rentrer en ville. Mais s'il avait été impossible de les faire avancer, il fut encore plus pénible de les faire retourner. Ce fut pour moi une nuit cruelle, et je pensais qu'elle me dégoûterait à jamais de semblables échauffourées et de semblables soldats.

J'avais été suivi pendant toute la nuit, et à mon insu, par quelques-uns de ces républicains jaloux qui considèrent comme leur premier devoir de contrôler rigoureusement les faits et gestes des gens en place. Ce contrôle me fut absolument favorable, et l'opinion qu'ils se firent de mon caractère, se joignant à l'opinion de Malon et de Gérardin, me fit appeler au ministère de la guerre.

Je faillis être fusillé au pont d'Asnières par

mes gardes nationaux. En rentrant à la Mairie, mes premières préoccupations furent d'imposer à la légion une discipline rigoureuse et de faire un triage parmi les officiers pour exclure les incapables du commandement; mais la première mesure que je pris pour cela éveilla les susceptibilités du Comité d'arrondissement, qui m'arrêta, et trois délégués me conduisirent fort proprement à la Préfecture de police, où je fus aussitôt écroué. C'était le 2 avril, vers sept heures du matin.

J'étais accablé de fatigue et profondément dégoûté de la Révolution et des révolutionnaires, de la garde nationale et des gardes nationaux. Je m'endormis immédiatement, et je fus éveillé à onze heures par le gardien, qui venait me faire sortir aussi précipitamment qu'on m'avait fait entrer. Un officier qui m'était tout à fait inconnu venait de faire lever l'écrou.

Je rentrai chez moi, ne songeant qu'à quitter

Paris, et je dormis encore tout le jour pour me remettre de dix jours de fatigues continues. Mais le lendemain, 3 avril, le même officier qui m'avait mis en liberté la veille, ayant su mon adresse au 17ᵉ arrondissement, arriva avec une lettre de Cluseret, qui me priait d'être son chef d'état-major au ministère de la guerre.

Voic ce qui s'était passé. Le pouvoir militaire, confié à Eudes à la fin du gouvernement du Comité central, avait ensuite été partagé entre Eudes, Bergeret et Duval. Le 1ᵉʳ avril, ces trois généraux avaient combiné, dans le conseil de guerre dont j'ai parlé, une marche sur Versailles, qui s'effectua en même temps que ma malencontreuse opération par le pont d'Asnières. On sait quel en fut le résultat : la mort du malheureux Flourens, de Duval, et surtout un grand nombre de prisonniers. Le jour même de cette bousculade, le trio Eudes Bergeret Duval fut mis à bas, et le commandement confié à Cluseret. On m'a dit que ma nomination lui fut imposée par la Commission de la guerre, sous l'influence des membres du 17e arrondissement; c'est possible, car le fond de sa conduite envers moi me semble avoir été une certaine jalousie, mitigée par le sentiment que je lui étais nécessaire. Quoi qu'il en soit, la lettre par laquelle il me mandait était fort obligeante. On me cherchait depuis vingt-quatre heures, et on avait fouillé toutes les prisons de Paris pour me retrouver.

Je me rendis immédiatement à cet appel, malgré ma répugnance pour les fonctions de l'état-major et malgré mes précédents déboires. J'espérais dans la Révolution : enfin je ne me crus pas permis de refuser.

A partir de ce moment, j'ai été constamment assujetti, et occupé d'affaires si multiples, si incohérentes, qu'il me sera presque impossible de m'en rappeler les principales, et surtout de mettre les dates.

La meilleure partie de mon temps, lorsque j'étais chef d'état-major de Cluseret, était certainement prise par les importuns et les inutiles, les délégués de toute provenance, les hommes à inventions, les quémandeurs de renseignements, et surtout les officiers et les gardes qui quittaient leur poste pour venir faire des plaintes de leurs chefs ou de leurs armes, ou du défaut de vivres et de munitions. Il y avait aussi, un peu partout, des chefs particuliers qui n'acceptaient pas ou n'exécutaient pas les ordres. Chaque arrondissement avait son comité comme le 17e, aussi nul, aussi hargneux, aussi jaloux ; l'artillerie était séquestrée par un comité analogue, relevant aussi de la Fédération, et qui était une rare collection d'incapables. Chaque monument, chaque caserne, chaque poste avait son commandant militaire, et ce commandant militaire avait son état-major et souvent sa garde en permanence : tous ces produits spontanés de la Révolution n'avaient d'autre titre et d'autre règle que leur bon plaisir, le droit du premier occupant et la tranquille prétention de rester en place sans rien faire. On voyait des médecins se promener avec les galons et l'escorte de général, des concierges de caserne équipés en officiers supérieurs ; tout cela avait des chevaux, des rations et la solde.

En revanche, la garde nationale manquait souvent de chefs. Les anciens cadres n'étaient plus obéis à cause des ordres de réélection ; les nouveaux cadres étaient contestés ou n'étaient pas encore élus ; les bataillons tiraient prétexte de là pour ne pas marcher. Les élections des chefs de bataillon furent très-longues ; celles des chefs de légion, impossibles. Un officier n'était pas plus tôt élu que les protestations contre son élection, les dénonciations contre ses opinions et son caractère, pleuvaient dans les bureaux du ministère, des Comités de la Fédération, de la Commune et de toutes les autorités qu'on imaginait.

Ce n'était pas petite besogne que de faire

quelque chose avec tout cela ; encore ne parlé-je pas des vices profonds de l'organisation de la garde nationale, vices que nous avaient légués les précédents gouvernements et qui seuls auraient suffi à faire avorter nos tentatives d'organisation et de défense. Nos gardes nationaux avaient été soigneusement formés par le despotisme et pour le despotisme ; il nous fut impossible d'en faire quelque chose par la liberté et pour la liberté ; la transition était trop brusque, les conjonctures trop impérieuses, les événements trop précipités.

Le personnel du ministère de la guerre se composait, au début, de Cluseret et de moi, avec deux ou trois flâneurs qui formaient la suite de Cluseret. Je racolai des bureaux en prenant des hommes un peu instruits qui venaient offrir leurs services, et je m'appliquai surtout à l'organisation des légions. Les premiers jours il fallut éliminer Bergeret, qui commandait la place et voulait tout commander ; Cluseret dut en venir à le faire arrêter et le remplaça par Dombrowski, dont j'appuyai la nomination, et qui était poussé par Félix Pyat. Il fut convenu alors que Dombrowski dirigerait les mouvements de troupes et les opérations militaires, pendant que nous organiserions les légions et ordonnerions l'administration. Plusieurs choses s'opposèrent à l'exécution de cette idée. D'une part, Dombrowski se cantonna dans Neuilly et ne porta aucune attention à la rive gauche; d'autre part, Cluseret se trouva presque immédiatement au-dessous de sa tâche, soit comme activité, soit comme initiative, soit comme aptitude à l'organisation. Les dispositions qu'il prescrivait étaient mal combinées, il n'indiquait pas les moyens d'exécution et surtout il ne se tenait pas à une idée une fois adoptée ; ses variations et ses incertitudes furent une grande cause de tiraillements.

Il commença par modifier à deux reprises l'organisation des compagnies de marche, rétablies par ses prédécesseurs. Puis il éleva la solde journalière des artilleurs à 3 francs. Ces deux mesures eurent des résultats fâcheux. Les autres innovations qu'il fit augmentèrent aussi le désordre. La complication des rouages du gouvernement devint extrême. Il y avait une Commission spécialement chargée de contrôler Cluseret, et dont Delescluze et Félix Pyat étaient les membres les plus actifs. Cette Commission « embêtait » Cluseret, pour employer le mot propre ; elle n'était bonne qu'à cela. Elle nous transmettait par le télégraphe des avis frivoles ou des questions ridicules; elle nous adressait, avec recommandation expresse, de piètres inventeurs ou des délégués ivrognes. La Commission elle-même se transportait souvent au ministère, et flânait d'un air affairé dans le cabinet de Cluseret.

L'organisation de la Cour martiale tranche seule sur le chaos de mes souvenirs. Elle siégea pour la première fois vers le 14 ou le

15 avril. Cette juridiction fut instituée par la Commune sur les instances pressantes de Cluseret : des actes effrénés d'indiscipline et de rébellion étaient impunément commis chaque jour ; il fallait y mettre un terme par une répression énergique. Je fus nommé président de cette cour et j'en remplis les fonctions pendant environ une semaine. Cette époque est particulièrement importante dans le rôle que j'ai joué.

En premier lieu, l'obligation de siéger à la Cour martiale me détourna de faire moi-même le rapport des légions, qui commençait à se régulariser, et auquel je vaquais dès le matin. Les séances de la Cour martiale se tenaient le soir et se prolongeaient assez tard, et en rentrant j'avais encore des affaires à expédier. Je fus donc obligé de confier le soin du rapport du matin à un officier dans lequel j'avais une médiocre confiance, et qui donna à ce travail d'organisation, d'une importance capitale, une direction mauvaise, et peut-être volontairement nuisible au succès de la Révolution.

De plus, le pouvoir que ces fonctions mettaient entre mes mains éveilla les susceptibilités de la Commune, assemblée défiante et peureuse autant que le fut jamais une assemblée démocratique.

Enfin, c'est à ce moment que Cluseret manifesta de plus en plus nettement l'intention de m'écarter de la direction des affaires, tout en continuant à m'employer et en me conservant auprès de lui pour m'empêcher d'être ailleurs. On sait que le service d'un chef d'état-major comprend les détails de tous les services et qu'il est l'intermédiaire nécessaire des ordres de son chef. Cluseret, au contraire, se mit à traiter directement les principales branches du service, et me constitua ainsi une situation très-fausse, puisque j'étais chargé de faire exécuter, d'expliquer et de compléter des ordres dont je n'avais pas connaissance. J'ai supposé depuis, qu'à cette époque Cluseret, dont l'esprit indécis était accessible aux aberrations les plus complètes, avait des raisons de me dérober la connaissance des mesures qu'il prenait et de supprimer ce contrôle involontaire qu'un chef d'état-major exerce sur son général. Cependant il continuait à me traiter avec distinction et ne me marchandait pas les éloges sur le prix qu'il attachait à mes services.

Je reviens à la question de la Cour martiale, question que je traiterai peut-être plus à fond, et séparèment s'il y a lieu.

L'acceptation des fonctions de président de cette Cour est le plus grand sacrifice que j'aie fait et que je pusse faire à la cause de la Révolution. Ennemi des révolutions, les circonstances m'avaient jeté dans une révolution : haïssant la guerre civile, je m'étais engagé dans la guerre civile. Il s'agissait aujourd'hui de présider un tribunal révolutionnaire, un tribunal qui ne porterait que des condamnations à mort.

Si j'ai à me défendre de l'accusation d'ambition, l'acceptation douloureuse que je fis de cette charge est peut-être l'argument le plus fort que je puisse produire. Quel intérêt a un ambitieux à se souiller les mains ? J'aurais été un ambitieux bien sot, ou bien dépourvu d'étude, d'aller ensanglanter mon nom dans des fonctions subalternes. Il n'y a qu'une explication raisonnable à ma conduite, c'est que je me sacrifiais à la Révolution. Je n'avais choisi aucune des fonctions dont j'avais été successivement chargé, je n'en avais refusé aucune. Dans des moments de crise semblables, il faut avoir le dévouement d'un sectaire. J'acceptai donc la présidence d'un tribunal qui, à mon sens, ne devait rendre que des arrêts de mort, et je me préoccupai seulement de remplir ces fonctions de la manière la plus efficace pour le service de la Révolution.

A mesure que la situation militaire devenait plus pressante, l'indiscipline et la désorganisation des troupes étaient plus manifestes. Il serait hors de propos de donner des détails étendus sur cette situation ; il suffit de dire que toute espérance de succès était impossible aussi longtemps que les troupes ne seraient pas obéissantes et pourraient se dérober impunément à tous leurs devoirs militaires. Nous avions failli à donner à la garde nationale une organisation stable qui aurait été le meilleur remède ; il restait à essayer de la répression, et il la fallait prompte et réelle.

Tel était le but de l'institution de la Cour martiale ; son action était limitée par cette clause du décret, qu'aucune exécution à mort n'aurait lieu qu'après approbation de la Commission exécutive, qui était le pouvoir exécutif de la Commune.

Dans la première séance, la Cour rendit

un arrêt réglant la procédure et les peines. Cet arrêt était nécessaire pour compléter le décret peu précis de la Commune : il simplifiait la procédure et assurait à l'accusé les garanties de la publicité et de la défense ; pour les peines, il réglait simplement que la Cour se conformerait aux lois existantes et à la jurisprudence martiale. Tous les arrêts suivants furent rendus sans viser aucun texte de loi. Tous les accusés ont été des fédérés poursuivis pour des crimes ou délits militaires. La Cour n'a jugé ni causes politiques ni causes de droit commun.

Le lendemain, un chef de bataillon, coupable d'avoir refusé de marcher à l'ennemi, fut condamné à mort. La Commission exécutive commua la peine, sur la demande du défenseur, en une détention pour la durée de la guerre.

La décision de la Commission exécutive, qui commuait ce premier arrêt, énerva la Cour martiale. Elle jugea encore quatre ou cinq affaires, dont les deux principales furent : l'abandon d'une tranchée, près du fort de Vanves, par un bataillon du ve arrondissement, dont plusieurs officiers furent condamnés à diverses peines ; et l'affaire du 105e bataillon, qui amena devant la Cour une douzaine d'officiers et gardes accusés d'avoir refusé de marcher à l'ennemi, avec rébellion et voies de fait envers un supérieur dans le service : cette affaire n'entraîna pas de condamnation à mort ; il y eut des condamnations variées et quelques acquittements ; mais elle eut d'autres suites plus graves.

L'action de la Cour martiale inquiétait la Commune ; elle redoutait ce pouvoir nouveau, qui condamnait les coupables sans égard pour leurs antécédents plus ou moins démagogiques. Il se trouvait, en effet, que nos coupables les moins incontestés étaient de fermes soutiens de la bonne cause. Le commandant que nous avions condamné à mort était un vétéran de l'insurrection, et le 105e bataillon, que nous avions vilipendé, était le pilier de la Fédération dans le viie arrondissement. La Commune manifesta, en décrétant que ses membres n'étaient justiciables que d'elle, qu'elle redoutait d'être justiciée par d'autres. Elle considéra donc comme ennemie une juridiction qui condamnait, sans acception de personnes, les gens qui n'allaient pas au feu ou qui en revenaient à leur plaisir.

J'ai dit que le 105e bataillon appartenait au viie arrondissement, qui est le faubourg Saint-Germain, et qui s'étend le long de la Seine jusque vers le Champ de Mars. Les fédérés étaient rares dans ce quartier, mais le 105e se recrutait dans l'extrémité excentrique de l'arrondissement; il se *fédéra* en partie dès le début, procéda à de nouvelles élections, et fut l'appui de l'organisation révolutionnaire dans cette partie de la ville. Les membres de la Commune qui y furent élus (1) devaient beaucoup au

---

(1) Parisel et Urbain.

105ᵉ. Frapper ce bataillon, c'était attaquer la validité de leur élection et l'appui de leur pouvoir. Ils déférèrent le jugement de la Cour martiale à la Commune, et le jugement fut cassé par un décret dont un considérant m'était personnellement injurieux.

Mon père, qui habitait avenue Latour-Maubourg, avait commandé ce même bataillon à l'époque du 4 septembre ; il avait donné sa démission vers les derniers temps du siége; son successeur avait quitté Paris après le 18 mars, et le commandant actuel, un nommé Witt, était incriminé dans l'affaire et fut acquitté. La Commune jugea que cette *parenté* que j'avais avec le 105ᵉ était suffisante pour infirmer le jugement, et, sans examiner le fond, où elle aurait vu manifestement que la condamnation était équitable et modérée, elle cassa le jugement. Le décret avait été libellé par Léo Meillet.

L'arrêt avait été rendu dans la nuit du 22 au

23 avril ; il fut cassé le 25 ou le 26 ; je l'appris par l'*Officiel*, et j'envoyai immédiatement ma démission de président de la Cour martiale et de chef d'état-major de Cluseret.

Pour la deuxième fois ma bonne fortune me présentait une occasion facile, avec de bonnes et valables raisons pour abandonner, pour détester cette révolution incohérente : ma mauvaise fortune l'emporta.

Je dois revenir un peu en arrière pour parler des événements qui préparèrent l'arrestation de Cluseret, et de ce qui s'ensuivit.

Cluseret, après avoir déployé, dans les premiers instants de son ministère, une activité excessive, avait été complétement dominé par les événements. Quelques tentatives qu'il avait faites pour s'affranchir de la Commune l'avaient encore détourné du travail journalier ; il était sorti de ces luttes vaincu et amoindri. Pyat et

Delescluze, qui étaient alors les membres les plus actifs de la Commission exécutive, l'obsédaient de leur surveillance, de leurs questions, de leurs inquiétudes puériles. D'une autre part, il n'avait ni ma sympathie ni (au point de vue de la capacité) la confiance des officiers qui travaillaient au ministère. J'ai dit que son caractère était indécis et son esprit accessible aux plus grosses erreurs : je pourrais citer des faits qui montreraient entre lui et moi plus que des germes de dissentiment. Lorsque je fus nommé, sur la proposition de Cluseret, à la présidence de la Cour martiale, je dus laisser, comme je l'ai noté ci-dessus, le soin de faire le rapport à un officier qui ne manquait pas de connaissances spéciales, mais dont le caractère ne m'inspirait aucune confiance. Cet officier profita de la circonstance pour se faire donner par Cluseret, que j'avais cependant averti, le soin exclusif de l'organisation des légions ; il fit des nominations nombreuses et s'entoura d'un état-major complet ; enfin, il rendit à Cluseret un rapport journalier très-sommaire et très-insuffisant pour commander le service, et se créa un service tout à fait indépendant. Cela peut paraître étrange, mais la réalité était beaucoup plus étrange encore; car ces tentatives d'*autonomie* chez les moindres employés, loin d'être l'exception, se produisaient partout et tous les jours, et lorsque Cluseret en eut toléré ou favorisé quelques-unes, je lui offris une première fois ma démission, que je motivai surtout par la répugnance que m'inspirait la politique despotique et inintelligente de la Commune. Peu après, je la lui offris de nouveau avec assez d'insistance pour qu'il l'acceptât, mais en me priant de continuer mes fonctions jusqu'à ce qu'il m'eût donné un successeur. Enfin, après le décret de la Commune qui cassait l'arrêt de la Cour martiale, je cessai toute fonction le 27 avril.

Les hommes s'usent vite en temps de révolution. Après un mois de pouvoir et surtout de lutte, Cluseret était complétement usé, malgré les concessions de toute nature qu'il avait constamment faites à tout le monde. Au début, il avait voulu être ce que doit être le chef militaire dans une place assiégée, dans une armée, dans un camp, c'est-à-dire le chef absolu, incontesté et sans contrôle. Il avait complétement échoué devant la Commune, et avait eu le tort de conserver le commandement après cet échec. Il avait subi d'abord le contrôle assidu de la Commission exécutive, représentée surtout par Pyat et Delescluze; puis une des nombreuses révolutions *de palais* qui ont eu lieu dans la Commune avait composé la Commission exécutive de tous les délégués aux différents ministères, et nommé une Commission spéciale de la guerre pour surveiller la gestion de Cluseret. Les méfiances s'accumulaient contre lui, et plusieurs fois déjà il avait été question de l'arrêter.

Telle était la situation lorsque je cessai

d'être chef d'état-major de la guerre. Ma démission affligea les révolutionnaires sincères qui me connaissaient. Gérardin, qui méprisait dès le début les discussions byzantines de la Commune, et qui ne s'occupait que de la guerre, Gérardin, qui avait, à cause de sa présence constante aux avant-postes, une idée beaucoup plus exacte de la fausseté de la situation que les gens de l'Hôtel de Ville, s'ouvrit alors à moi d'un projet qu'il entretenait d'annuler la Commune, en faisant mettre le pouvoir aux mains d'un Comité de salut public ou de tout autre comité exécutif composé des membres jeunes et résolus de la Commune, qu'il me nomma, et où j'aurais, avec Dombrowski, la direction des opérations militaires. En même temps, les membres de la Commission de la guerre me prenaient pour confident de leurs inquiétudes, et même des républicains systématiques et qui n'avaient pas participé aux actes de la Commune me proposaient spontanément et leurs systèmes et leur concours. Je me trouvai ainsi le centre d'un mouvement incohérent, divers, et dont le mot d'ordre inconscient était : « Sauver la Révolution en annulant la Commune. »

Je laissai faire ; j'étais aussi ennemi de la Commune qu'ont jamais pu l'être les républicains sensés, et je croyais toujours que la Révolution pouvait et devait être salutaire. Gérardin m'assurait le concours des hommes d'énergie et d'intelligence de la Commune ; d'autres, que je ne nomme pas parce qu'ils n'ont pas paru sur la scène révolutionnaire, offraient leur expérience financière. Enfin, les généraux m'obéissaient volontiers. Dans ces conditions-là, le succès n'était pas impossible et la Révolution pouvait sauver le pays.

Le 29 au soir, je fus mandé à la Commission exécutive, composée des délégués aux ministères; on ne me cacha pas qu'on ne voulait plus de Cluseret, et on me posa diverses questions sur la situation et sur mes idées.

Je dis ce que je pensais de la situation, qui était de plus en plus compromise. La défense était presque nulle, et l'attaque, étant indépendante des plans des généraux ennemis, mais dépendant uniquement du talent des officiers snbalternes du génie et du courage des pelotons qui nous étaient opposés, devait faire des progrès continus jusqu'à la prise de la place. Il n'y avait d'espoir de succès que dans une réforme absolue du système de la solde, qui mettait le peuple, combattant ou non combattant, aux gages de la Commune, dans le rétablissement de la discipline par des exemples sévères, dirigés principalement contre les officiers élevés en grade, enfin dans l'organisation immédiate d'un petit corps d'armée, capable de tenir la campagne et de prendre l'offensive. Lorsque je fus sorti, ma nomination aux fonctions provisoires de délégué à la guerre fut signée par la Commission; elle me fut notifiée le lendemain, vers trois heures après midi, en même temps que Cluseret était arrêté à la Commune. Je dois noter ici que je défendis Cluseret, devant la presse et à la Commune, de l'imputation vulgaire de trahison.

Tel fut le résultat des efforts de la Commission de la guerre, qui, chargée de partager la gestion avec Cluseret et trouvant que Cluseret ne faisait rien et ne voulait rien faire, ce qui était assez exact, lui avait cherché un successeur et m'avait fait agréer par la Commission exécutive. L'une et l'autre commission me promettaient un concours entier, qui consista en bons sentiments de la part de l'Exécutive et en bonne volonté de la part de la Commission de la guerre. Mais il n'y avait, ni d'un côté ni de l'autre, ni idées étendues, ni capacité suffisante, ni aptitude à un travail aussi exceptionnel, aussi révolutionnaire que celui qui se présentait à nous.

Mais en même temps que se faisait ce changement, l'idée dont m'avait parlé Gérardin, aboutissait au renversement de la Commission exécutive et à la création d'un Comité de salut public, qui fut élu le 1er mai ; seulement dans ce Comité, au lieu d'hommes résolus et intelligents, Gérardin était associé au lamentable Félix Pyat, à Léo Meillet et à deux utilités dont je ne me rappelle pas les noms. Ce *fiasco* me privait du concours de la Commission exécutive et élevait au pinacle Félix Pyat, dont l'activité brouillonne devait faire avorter toute entreprise, et dont la cervelle dépourvue de judiciaire était le réceptacle de toutes les idées impures et malsaines qui peuvent fermenter dans une Révolution. J'appris cette nouvelle par une avalanche de dépêches qui tombèrent au ministère de la guerre dans la nuit du 1er au 2, et par lesquelles il brouillait toutes les mesures militaires que j'avais prises.

Aussitôt rentré au ministère, le 30 avril au soir, je m'étais occupé de prendre les mesures les plus urgentes. Il n'est pas indifférent de dire que, dans la nuit du 29 au 30, une tranchée située sur la droite du fort d'Issy avait été surprise par l'ennemi avec la batterie qu'elle couvrait. Mégy, l'incapable commandant du fort, voyant au matin l'ennemi s'étendre sur sa droite, avait pris peur et évacué le fort avec la garnison. Cluseret, à cette nouvelle, était parti pour Issy, et, réunissant quelques troupes, les avait ramenées au fort, où il était rentré le premier. C'est à son retour de cette expédition que la Commission l'avait fait arrêter. Pour moi, je consignai Mégy et j'envoyai au fort d'Issy le général Eudes, qui ne comprit pas du tout l'importance de cette position et qui n'y alla qu'à contre-cœur.

J'ai dit que les questions urgentes étaient la solde, la discipline et l'organisation de forces actives.

Il était urgent en effet de mettre un terme aux abus criants dont la solde était le prétexte :

j'en donne une idée en disant qu'on aurait certainement obtenu le même *effet utile* avec une dépense vingt fois moindre. Le 1er mai, ayant convoqué la Commission exécutive, la Commission de la guerre et les officiers généraux à un conseil de guerre, je convins avec Jourde, délégué aux finances, que nous étudierions ensemble, le soir même, un projet ayant pour base la réduction des prestations allouées à la garde nationale aux tarifs en vigueur pour l'armée, avec une légère augmentation, et l'allocation d'une certaine somme à titre de secours aux femmes et aux enfants, somme supérieure à la solde de 0 fr. 75 c. qui était allouée aux femmes, et destinée à compenser et à faire admettre la réduction de la solde des gardes. Jourde s'engagea, de plus, à trouver et à mettre en fonctions les employés nécessaires pour répartir et régulariser l'ordonnancement de la solde et pour contrôler l'emploi des fonds. C'était une quarantaine de comptables actifs et honnêtes qu'il fallait trouver sur-le-champ. Ni l'un ni l'autre de ces projets n'eurent de suite. La Commission exécutive ayant été détrônée dans la séance du même jour, Jourde lutta pendant deux jours à la Commune contre la création du Comité de salut public, et la solde resta où elle en était à mon arrivée.

Je fis désigner une Commission de trois membres pour juger Mégy. Dombrowski, Eudes et Bergeret furent ces trois membres : cette Commission ne se réunit pas.

Dès le 30 avril, je traçai le plan d'un groupe tactique et administratif de cinq bataillons, commandé par un colonel et deux lieutenants-colonels, pour servir de base à l'organisation d'une armée active. Je chargeai Bergeret de choisir cinq bataillons à lui connus, de trois à quatre cents hommes d'effectif chacun, pour en former un regiment. Eudes dut former deux régiments, également dans Paris; Dombrowski entreprit d'en former trois, puis un quatrième dans l'étendue de son commandement ; La Cécilia, qui allait prendre le commandement du centre, demanda aussi à former un régiment. Chacun de ces régiments devait rendre tous les nombreux drapeaux et fanions dont les fédérés abusaient, et recevoir en échange un canon de 4 ou une mitrailleuse par bataillon. Ainsi je mis sur le chantier, dès le 1er mai, huit régiments, qui étaient en réalité des brigades actives de deux mille hommes environ, et quarante pièces d'artillerie de campagne. En même temps je destinais à Wroblewski, qui commandait l'aile gauche, toute la cavalerie disponible, malheureusement très-peu nombreuse.

Quoique je m'efforce d'écarter de ce memorandum toutes considérations d'art militaire ou de politique, je dois faire remarquer ici que cette tentative d'organisation, destinée à me permettre de donner bataille devant Paris, était la seule chance de succès de la défense. En se bornant à une défense passive, on ne pouvait que retarder la chute de la fortification, qui est le terme fatal d'une attaque régulière. Quant au mode d'organisation que j'avais adopté, c'est affaire aux raffinés d'art militaire de résoudre s'il était approprié à la nature des troupes dont je disposais et aux autres circonstances. Je projetais d'y joindre un équipage de douze ou seize pièces de canon de plus gros calibre.

En même temps que je prenais ces mesures, je répartissais entre les membres de la Commission de la guerre les principaux services du ministère. Avrial s'était déjà chargé de l'artillerie; Bergeret, qui remplaçait Delescluze malade, de l'habillement; en même temps il commença la fabrication de sacs à terre pour la défense et de *musettes* pour les bataillons de marche. Arnold entreprit de constituer une commission d'examen pour les officiers, afin d'éliminer tous les inutiles et ignares porteurs de galons qui encombraient la ville. Tridon, le plus capable et le plus considéré de tous, mais à qui sa santé délabrée ne permettait pas un travail régulier, se chargea de ce qui concerne l'intendance, et commença par envoyer en prison les frères May, qui dirigeaient ce service. Je dois dire que toutes ces fonctions, acceptées sans hésiter, furent remplies avec beaucoup de mollesse.

J'ai dit que j'avais envoyé Eudes au fort d'Issy. Mon choix avait été dicté par la notoriété révolutionnaire de cet homme, qui avait tout intérêt à défendre la révolution, et qui n'était rien que par elle. Je croyais encore qu'il était trop en évidence pour manquer de cœur. Il se rendit à regret à ce poste dans la journée du 1er mai, laissant à Paris son chef d'état-major Collet, et une partie de son nombreux état-major, pour organiser ses régiments. Une fois arrivé au fort d'Issy, il ne songea plus qu'à en sortir. Il envoyait à la Commune, au Comité de salut public, à la place, au ministère, des dépêches où il exprimait vivement l'impossibilité de tenir davantage et la nécessité d'avoir des renforts, des vivres, des munitions, des habits, du tabac, des canons. Pyat, qui était dans la ferveur de son premier jour de gouvernement, y répondait en m'envoyant des dépêches pressantes : « Conservez le fort d'Issy à tout prix. »

Le 2 mai, Gérardin m'annonça l'avénement du Comité de salut public, et m'engagea à me présenter à la Commune, après quoi je dinerais avec le nouveau gouvernement. Il faudrait, pour raconter cette journée, prendre franchement le ton humoristique qui convient à un récit à la fois grave et bouffon. Il me suffit de dire que j'arrachai des transports d'applaudissements à cette assemblée quinteuse, qui n'était pas insensible à la vérité dite sans ménagements et sans ambages. Je passai la soirée à l'Hôtel de Ville, avec les membres du Comité de salut public ; je crois que ces messieurs comptaient que je leur soumettrais un plan d'organisation ou de défense, et Félix Pyat, en particulier, parla abondamment de la chose militaire, qu'il envisageait par les côtés les plus étroits. A la fin, un autre des membres du Comité ayant parlé des mesures qu'il prenait dans son arrondissement pour constituer la garde nationale et réduire les abus, « Au moins, vous, lui dis-je, vous êtes raisonnable. » Pyat demanda aigrement si je voulais dire que lui ne le fût pas ; je me mis à rire et nous fûmes ennemis mortels.

Le lendemain, Eudes devint de plus en plus pressant, et ses dépêches instantes me déterminèrent à me rendre au fort d'Issy et à faire une tentative pour le dégager. J'emmenai une partie du bataillon de garde au ministère, qui dut m'attendre à Vanves ; mais divers accidents, et en particulier une chute de cheval, me retardèrent assez pour ne me permettre d'arriver au fort qu'à la nuit, avec trois bataillons que j'avais glanés en chemin et dont la présence remonta un peu le moral des défenseurs. Je donnai quelques instructions importantes à Eudes, qui avait pris son quartier dans la casemate la plus obscure et la moins exposée de tout le fort, et qui encore se plaignait du danger ; une seule de mes instructions fut suivie et procura un succès.

Mais ce qu'il y eut de particulier dans cette aventure, c'est que je trouvai au fort, Dombrowski, auquel j'avais assigné dès longtemps pour commandement la rive droite, et qui fut aussi étonné de mon arrivée que je l'étais de sa présence, car il venait de recevoir du Comité de salut public un ordre qui l'investissait du commandement de toutes les forces actives, tout en me laissant le ministère de la guerre.

Nous étions, Dombrowski et moi, dans des relations fort amicales ; il me dit donc, tout en mangeant un morceau de pain dans la casemate d'Eudes, de ne plus me déranger de mon travail d'organisation ; qu'il se chargeait, conformément à ses nouveaux pouvoirs, de toute la besogne active. Je tombai d'accord avec lui en lui disant que, dès que nous nous serions entendus sur les opérations à exécuter, je serais très-heureux de m'en remettre à lui pour l'exécution. Déjà dans le courant du mois d'avril, Dombrowski avait reçu pleins pouvoirs pour diriger toutes les opérations, et il s'était cantonné dans Neuilly sans s'occuper du tout de la ligne du Sud : l'expérience était donc faite et je ne trouvais pas qu'il y eût lieu de lui confier toute l'étendue de la ligne.

En rentrant au ministère j'écrivis à Gérardin pour lui reprocher cette surprise ; je lui expliquai le lendemain mes motifs et le peu d'opportunité d'un commandement militaire unique. Le premier décret fut révoqué et Dombrowski redevint le commandant des fronts attaqués de la rive droite. Je ne puis discuter ici avec étendue les causes de ma détermination. Il est certain que ces décrets successifs mirent de la jalousie entre Dombrowski et moi.

Le gouvernement de Pyat ne se borna pas là. Il envoya à Wroblewski, qui commandait l'aile gauche depuis la Bièvre jusqu'à la Seine, l'ordre de se porter au secours du fort d'Issy. Wroblewski, homme soigneux et méthodique, se plaignit de recevoir des ordres de tous côtés, mais crut néanmoins devoir obéir au Comité de salut public. Il passa la nuit du 3 au 4 à Issy, et, pendant son absence, la redoute du Moulin-Saquet, dépendant de son commandement, fut surprise par l'ennemi et les canons enlevés. Il y eut débandade, panique, émotion dans la ville, et Wroblewski, en me rendant compte de l'événement, s'excusait sur son absence et l'impossibilité où il avait été d'exercer sa surveillance habituelle sur les postes avancés. En effet, il était, comme je l'ai dit, très-soigneux, et, dans tous les cas, s'il n'avait pu empêcher l'accident, sa présence en aurait diminué l'effet.

J'avais encore contre le Comité de salut public un autre sujet de plainte. Le 2 mai, un parlementaire prussien était venu à l'Hôtel de Ville, où je l'avais vu, porter une lettre par laquelle son général se plaignait à la Commune de l'armement du fort de Vincennes, et réclamait le droit de faire visiter le fort le lendemain à 2 heures après midi. Cet armement provenait du fait d'un commandant brouillon, et j'y fis immédiatement mettre ordre. Je fis renvoyer sans réponse le parlementaire, qui avait ordre d'attendre la réponse, et j'indiquai à Paschal Grousset, délégué aux relations extérieures, dans quel sens il devait répondre. Il me communiqua en effet dans la nuit la lettre fort convenable qu'il adressait au général prussien, où il lui faisait remarquer qu'un officier général n'avait pas le droit de correspondre avec l'Assemblée souveraine de Paris, mais devait communiquer avec l'autorité militaire. Après ce rappel aux convenances internationales, il disait que le parlementaire que les

Prussien enverraient le lendemain serait admis et recevrait satisfaction. Le parlementaire se présenta effectivement ; mais, au lieu de s'adresser à l'officier d'ordonnance que j'avais envoyé, il trouva deux officiers de la garde nationale commandés directement par Paschal Grousset, et qui lui firent voir tout ce qu'il voulait dans le fort de Vincennes.

Tous ces empiétements de l'autorité civile, tout ce désordre, pour mieux dire, avait donc des conséquences graves. Les ordres directs donnés par le Comité de salut public paralysaient et contrecarraient l'action du délégué à la guerre, qui n'avait plus de raison d'être si tout le monde excepté lui dirigeait les opérations. C'est ce que j'allai dire à la Commune le 4, et je pris particulièrement à partie Félix Pyat, lui reprochant les dépêches dont il accablait, sans me prévenir, les commandants particuliers, et mettant à sa charge tous les inconvénients qui en résulteraient. Pyat se défendit comme un pauvre homme et nia formellement avoir jamais signé de tels ordres, ce qui m'obligea à produire les originaux et spécialement l'ordre qui avait déplacé Wroblewski de son commandement. Ces ordres furent produits à la Commune le lendemain par les membres de la Commission de la guerre, et obligèrent Félix Pyat à offrir sa démission de membre du Comité de salut public.

Tout cela constitue un récit assez compliqué et difficile à suivre ; cependant j'ai encore à raconter d'autres intrigues et d'autres complications, et je suis certain qu'en même temps il y en avait bien d'autres dont je n'ai pas eu connaissance.

Le Comité central de la Fédération de la garde nationale, ce même Comité central qui avait géré la révolution au début, tout amoindri qu'il fût par l'élection de ses membres les plus influents à la Commune, avait cependant continué d'exister et ne s'était pas privé de donner des ordres en dessous main, de recevoir des réclamations et plaintes et de vaquer à des élections. Il trouvait son rôle bien petit dans une révolution dont il se considérait comme le père, le tuteur et le légitime propriétaire. Aussi profita-t-il du changement de système qui eut lieu à la fin d'avril, pour venir proposer son concours au nouveau gouvernement, et, dans le même moment que je parlais à la Commune contre Félix Pyat, des députés du Comité central attendaient une décision du Comité de salut public, qui leur avait donné rendez-vous pour résoudre le point débattu.

Lorsque je sortis de la Commune, Gérardin m'emmena au Comité de salut public, et on s'en remit à moi de la décision à prendre. Il y eut quelque discussion; les députés du Comité central, qui étaient en effet les plus intelligents et les plus résolus de cette assemblée, faisaient valoir leurs moyens d'action sur la garde nationale, et la facilité qu'ils avaient de faire accepter et exécuter les résolutions dont ils seraient les agents. Comme je les pressais en leur demandant s'ils avaient assez d'hommes résolus et expérimentés pour diriger les diverses branches du service : « Nous nous sommes tâté le pouls, dit l'un d'eux, et nous sommes en mesure. »

J'acceptai donc de les charger de toute la partie administrative et des services d'organisation dépendant de mon ministère, et voici pourquoi :

Il m'était impossible de m'appuyer sur la Commune, dont les résolutions étaient constamment mobiles, et qui ne s'occupait pas volontiers d'affaires, mais s'épuisait en discussions stériles et en querelles. La Commission exécutive, formée des délégués aux différents services, était sans force et sans volonté depuis qu'on l'avait reléguée au second rang par l'invention du Comité de salut public. La Commission de la guerre se composait de cinq membres, dont trois seulement travaillaient, et encore leur travail était-il improductif à cause de leur peu d'aptitude au gouvernement. Dans la situation où ils étaient, il s'agissait moins de travailler eux-mêmes que de faire travailler les autres, et je crois que Tridon seul aurait eu peut-être cette aptitude. Quant au Comité de salut public, ce n'était qu'un fantôme de pouvoir: tous ces gens-là n'ont jamais rien compris à la vieille révolution; ils n'en ont jamais vu que l'écorce, et ne se doutent pas du labeur immense qui a assuré le succès des révolutionnaires de 1793. Ainsi je n'avais pas de point d'appui sérieux; la réforme de la solde et la mobilisation d'une armée, ces deux nécessités du succès, étaient compromises ou ajournées; je voulus essayer, comme chance extrême, d'employer le Comité central.

C'est avec un véritable dégoût que je reviens

sur les rapides événements de cette courte période, et ce sentiment m'empêche peut-être de détailler les événements comme je le devrais. Le souvenir de tous ces révolutionnaires présomptueux, mais dépourvus d'études et d'énergie, capables d'un coup de main peut-être, mais non d'une volonté et d'un ferme propos, leur souvenir, dis-je, est pour moi un cauchemar.

Le Comité central de la fédération n'était pas capable de rien gérer. Puissant pour entraver, pour désorganiser, à cause de l'affiliation dont il était le centre, il fut absolument impuissant pour créer. Le 5 et le 6, je vis quelques-uns de ses membres : ils étaient portés de bonne volonté (et d'ailleurs on ne m'adressait que les plus capables), et s'étaient divisés en commissions pour les différentes branches du service ; mais le temps de l'action était pris par les séances toujours confuses de cette assemblée, et, somme toute, la masse du Comité était peu intelligente et peu éclairée.

Le fort d'Issy était toujours le point le plus menacé de l'enceinte; Eudes l'avait abandonné et s'y était fait remplacer par son chef d'état-major, Collet, homme de peu de valeur. En revanche, j'y avais envoyé un ingénieur de mérite et de courage, qui profitait, pour réparer sa fortification, de tous les moments de répit que lui laissait le feu de l'ennemi. Je me rendis encore, à deux reprises, sur ce point des attaques, mais sans réussir à mettre des troupes en mouvement. Enfin, le 7 mai, j'avais acquis la conviction que je ne réussirais pas à grouper les capacités nécessaires au travail du ministère, et que le Comité de salut public ne pouvait ou ne voulait pas m'aider, soit qu'il manquât d'énergie ou de confiance. Une seule voie restait à tenter pour améliorer les affaires militaires, décidément compromises, et cette voie était de prendre brusquement l'offensive, avec des troupes telles quelles, pour interrompre le progrès des attaques en donnant de sérieuses inquiétudes à l'ennemi.

Ma tentative d'organisation de troupes actives avait cependant été mise à exécution, mais elle avait de toutes parts rencontré des obstacles. Le nom de régiments, que j'avais adopté, au lieu de celui de brigades, pour ne pas multiplier nombre des généraux, avait donné de l'ombrage aux chefs de légion, qui craignaient de se voir dépouillés de leur autorité par cette combinaison.

L'officier qui faisait le rapport des légions du ministère et centralisait tout ce qui concernait l'organisation, fomenta ces méfiances, au point d'entraver la formation complète de plusieurs régiments. J'ai déjà dit combien cet officier m'était suspect ; j'appris enfin qu'il avait convoqué sans ordre les chefs de légion et leurs chefs d'état-major, et je le fis arrêter. Une commission du Comité central le remplaça dans son service.

C'est probablement le 7 mai que je fis ma

dernière visite au fort d'Issy : j'en parlerai avec quelque détail et je tirerai de là occasion de rapporter quelques circonstances anecdotiques qui peuvent intéresser ma défense.

Le général La Cécilia commandait au Petit Vanves, où j'avais fait retirer depuis plusieurs jours les troupes destinées à la défense du village d'Issy, pour qu'elles pussent se refaire en sécurité. Toujours préoccupé d'attaquer les postes de l'ennemi, ce qui était le seul moyen de rendre la défense efficace, j'avais envoyé à La Cécilia l'ordre de réunir ses troupes à trois ou quatre heures du matin. Je me trouvai au Petit Vanves à l'heure convenue ; mais les troupes n'étaient pas réunies. C'est une grosse affaire de réunir à point nommé des gardes nationaux, et je fus plusieurs heures auprès de La Cécilia, sans qu'il parvînt à assembler ses hommes. Pendant qu'un bataillon prenait les armes, l'autre se dissipait.

Ce fut là que je fis faire une exécution de

plusieurs gardes nationaux qui avaient abandonné leur poste, exécution inoffensive, mais qui leur fit une vive impression. Je leur fis couper la manche droite, en commençant par les officiers. Tous ces gens sanglottaient, et la garde qui les entourait était peut-être plus émue que par une exécution à mort. Je dirai à ce propos que, par une chance singulière, beaucoup plus que par l'effet de ma volonté, il ne m'est jamais arrivé de faire mourir un homme. J'ai prononcé, à la Cour martiale, une condamnation capitale ; mais elle a été commuée sans mon intervention. Ennemi du meurtre autant que de la guerre, j'accepte cependant toutes les conséquences nécessaires des situations où je me trouve. Le 7 mai, je ne croyais plus assez à l'efficacité de notre défense pour m'engager dans la voie de la répression.

Ce même jour, je visitai le fort d'Issy, qui était cruellement bombardé par l'ennemi. Il est rare que, dans une guerre, le feu soit aussi violent qu'il l'a été, pendant quinze jours au moins, sur cette malheureuse bicoque. J'y passai plusieurs heures pour me rendre compte de tout. Collet en était alors le commandant, et son caractère ne permettait pas d'espérer une longue défense.

J'avais prescrit des travaux de retranchement au lycée d'Issy, qui est dans une très-belle position en arrière du fort. J'espérais qu'on pourrait y tenir l'ennemi quelque temps après la perte du fort, et j'y avais envoyé plusieurs détachements de barricadiers, qui étaient des terrassiers et autres ouvriers en bâtiments. Mais ils ne purent se résoudre à travailler sous le feu, et mes instructions ne furent pas suivies.

Enfin me voici arrivé au terme de ce récit. Le 8 mai les chefs de légion se réunirent pour protester contre la formation des régiments; plusieurs d'entre eux, qui me furent envoyés à ce sujet, m'affirmèrent que leur autorité était suffisamment établie pour qu'ils pussent mettre des troupes en campagne immédiatement, et me promirent pour le lendemain vingt-cinq bataillons de 500 hommes, prêts à marcher. Je n'y comptais guère ; mais comme un succès était urgent, ne fût-ce que pour donner du temps à la défense, je résolus, s'ils me présentaient quelques bataillons en bon état, de les faire sortir et combattre. Je commandai aussi le régiment de Bergeret, qui était plus avancé que les autres ; Bergeret me le promit, mais s'excusa au dernier moment pour trois bataillons, qui ne voulaient pas marcher faute de je ne sais quels accessoires. Plusieurs chefs de légion vinrent aussi me représenter dans la soirée qu'ils ne pourraient pas mettre en mouvement les troupes qu'ils avaient promises.

C'est alors que je dictai ma démission, dont j'envoyai des copies aux journaux les plus répandus. L'instant après, j'appris que le drapeau tricolore flottait sur le fort d'Issy, abandonné la veille par sa garnison et que j'avais vainement essayé de faire réoccuper. J'allai ensuite, par acquit de conscience, voir les troupes que les chefs de légion avaient réunies, et je fis compter exactement leur effectif. Cet effectif n'atteignait pas cinq mille hommes, et c'étaient des troupes pitoyables. La Commune, au reçu de ma lettre, m'envoya successivement deux députations pour me prier de retirer ma démission; sur mon refus, elle ordonna à la Commission de la guerre de prendre la direction de la délégation de la guerre et de m'arrêter.

En même temps le Comité central, qui siégeait au ministère de la guerre, m'envoyait députation sur députation pour me demander de me rendre à sa séance. Je dus céder à cette obsession, et je leur donnai les explications qu'ils me demandèrent, leur exposant que je ne pouvais pas faire toute la besogne, être à la fois caporal et général, et courir à hue et à dia pour ramener au feu des gens lassés de se battre, pendant que tous ceux qui auraient dû travailler s'occupaient à des délibérations fort intempestives. Le Comité central était hébété. En sortant de là j'allai dîner chez Dombrowski, où je reçus un envoyé du Comité central qui m'annonça que ce Comité allait demander à la Commune pleins pouvoirs pour moi.

Je rentrai vers dix heures au ministère, où je ne tardai pas à recevoir toute la Commission de la guerre, renforcée de Johannard et de Delescluze. Après les premiers compliments, Delescluze me reprocha d'avoir annoncé par une affiche la prise du fort d'Issy. Je lui répondis assez vivement que le peuple devait être le premier à connaître une nouvelle de cette importance. Nous raisonnâmes quelque temps sur ce point, qui était le plus grand grief de la Commune contre moi, et la Commission, qui avait en poche l'ordre de m'arrêter, s'en alla sans me faire part de cet ordre et en me priant de continuer mes fonctions jusqu'au lendemain : ce que je n'acceptai qu'en conservant un des membres de la Commission dans mes bureaux, pour n'avoir rien à signer.

Le lendemain matin, la Commission, fort embarrassée de n'avoir pas rempli son mandat formel, m'envoya deux de ses membres pour me prier de les accompagner à l'Hôtel de Ville : je les fis déjeuner, je les menai à l'Hôtel de Ville, dans ma voiture, et je restai à la Questure jusque vers cinq heures, sans être ni libre ni prisonnier. A cinq heures Gérardin vint nous rejoindre, et m'annonça qu'il venait se constituer prisonnier avec moi. La séance de la Commune était tumultueuse : on n'avait voulu entendre aucune raison et on m'avait décrété d'accusation. On avait même nommé la Cour martiale, dont Collet devait être le président. Je ne pus supporter l'idée de paraître en accusé devant ce Collet, que j'avais vu caponner devant les obus à Issy, et c'est alors que je me déterminai à me soustraire à la justice de la Commune. J'emmenai Gérardin dans ma voiture, qui nous déposa sur le boulevard Saint-Michel, et chacun de nous s'en alla chercher un gîte.

Le nouveau Comité de salut public, où figuraient Arnaud, Billioray, Eudes, Gambon, ne cessa pas, jusqu'au dernier jour de son pouvoir, d'attribuer à *ma trahison* la perte du fort d'Issy. Félix Pyat et Vallès me firent l'honneur d'ouvrir un dossier à ma charge dans les colonnes de leurs journaux, et je fus même le sujet de plusieurs premier-Pyat, où il était démontré que j'avais aspiré à la tyrannie. Enfin un journal de Versailles, *Paris-Journal,* publia contre moi un acte d'accusation fictif, signé Protot et Vermorel, où l'on établissait quand, comment et par qui j'avais reçu cinq cent mille francs pour perpétrer la trahison.

Me voilà au bout de la tâche que j'avais entreprise de raconter le rôle que j'ai joué dans l'insurrection, tâche qui n'a pas été sans amertume pour moi, car il m'a fallu revoir une à une mes désillusions, et mes déboires, et mes espérances trompées.

J'ai servi fidèlement, aveuglément la Révolution jusqu'au jour où j'ai eu expérimenté par moi-même toute la vanité des espérances que j'avais fondées sur cette tentative. La Commune n'avait pas d'hommes d'État, pas de militaires, et ne voulait pas en avoir : elle accumulait les ruines autour d'elle, sans avoir ni la puissance, ni même le désir de créer à nouveau. Ennemie de la publicité parce qu'elle avait conscience de sa sottise, ennemie de la liberté parce qu'elle était dans un équilibre instable d'où tout mouvement devait la faire choir, cette oligarchie était le plus odieux despotisme qu'on puisse imaginer. N'ayant qu'un procédé de gouvernement, qui était de tenir le peuple à ses gages, elle ruinait par ses dépenses l'épargne de la démocratie, et en ruinait les espérances parce qu'elle désaccoutumait le peuple du travail. Lorsque je vis que ce mal était sans remède, que tout effort, que tout sacrifice était stérile, mon rôle se trouva fini.

NOTES COMPLÉMENTAIRES

Je n'ai porté l'uniforme que lorsque c'était strictement nécessaire. Même il m'est arrivé de visiter les forts ou les attaques en bourgeois. Le 1er mai je n'avais encore mis l'uniforme qu'une seule fois, pour une des séances de la Cour martiale; j'avais présidé les autres séances en bourgeois, vêtu comme je le suis encore maintenant.

Mon état-major ne se composait que d'officiers subalternes; il était le moins nombreux de tous, quoique j'eusse les fonctions les plus importantes.

Je n'emmenais jamais d'escorte, mais seulement, quand c'était nécessaire, des plantons à cheval et sans armes, pour tenir les chevaux et pour porter les longues-vues et les cartes.

Un fait assez singulier, que j'ai remarqué plusieurs fois. Lorsque les troupes ou les postes de fédérés me saluaient au passage du cri de « Vive la Commune ! » je répondais en saluant de la main et quelquefois en criant aussi « Vive la Commune ! » Mais les officiers de mon état-major ne répondaient jamais que « Vive la République ! »

La Cour martiale, contrairement à ce que dit le rapport (1), n'a prononcé qu'une seule condamnation à mort, laquelle n'a pas été exécutée.

Il est faux que mes ordres fussent en par-

---

(1) Il s'agit ici du rapport qui servit de base à l'accusation devant le conseil de guerre de Versailles. C'est en réponse à ce rapport que Rossel rédigea le mémorandum qui précède et la plupart des notes qui l'accompagnent.

J. A.

fait accord avec la Commune, comme le dit le rapport. Au contraire, c'est le désaccord constant, irrémédiable, entre mes ordres et le système de la Commune, qui a entraîné ma démission. S'il y avait eu accord parfait, je n'aurais pas quitté la Commune et elle ne m'aurait pas proscrit.

―――

Le besoin d'une révolution démocratique est une chose certaine. La classe inférieure est trop puissante pour ne pas faire sentir son action dans le gouvernement, et pas assez satisfaite pour ne pas réclamer sans cesse une part plus grande aux affaires. La classe aisée, qui détient le pouvoir depuis quarante ans, par les siéges électifs, d'une part, et de l'autre par les *dynasties* de fonctionnaires qu'elle recrute dans son sein, a usé de ce pouvoir d'une manière désastreuse pour l'intérêt public, en rejetant les plus lourdes charges sur la classe inférieure.

Ainsi, parmi les impôts directs, la patente est organisée de manière à favoriser la grosse industrie ; parmi les impôts indirects, les denrées de nécessité sont grevées de préférence aux objets de luxe.

Mais j'ai étudié plutôt les lois militaires que le reste : la décadence de notre état militaire est causée par les altérations apportées sans cesse depuis 1830 aux principes de nos institutions. Par le remplacement, constamment favorisé, les classes aisées se sont désintéressées de la défense du pays, qui est restée confiée à des prolétaires et à des mercenaires. Le recrutement des officiers dans les rangs est devenu difficile, le recrutement des sous-officiers impossible. L'armée a déchu peu à peu.

Les événements de l'année dernière sont la résultante de quarante années de mauvais gouvernement. En voyant l'Assemblée de Bordeaux se rejeter violemment vers le passé, j'ai pensé que l'avenir fantastique rêvé par les démocrates de Paris ne pouvait pas, à coup sûr, être plus pernicieux qu'un retour en arrière.

Il très-remarquable (et cette observation n'est pas étrangère à la cause) que la Commune a constamment pris ses principaux agents dans la minorité, dans ce qu'on pourrait appeler l'opposition. Cela tient à ce que la majorité ne contenait pas de gens capables, instruits, spéciaux.

Jourde, Delescluze, Varlin, appartenaient à cette minorité, qui s'imposait par son caractère respectable et ses connaissances, mais qui était constamment jalousée et froissée, et qui, de son côté, ne ménageait pas la majorité.

Ce n'est qu'après ma proscription que la majorité est arrivée au pouvoir par le renouvellement du Comité du salut public (Eudes était le nom le plus caractéristique de ce nouveau Comité), et, plus tard, par le renouvellement de la Commission de la guerre. C'est alors que l'agitation devint de la démence.

Pour moi, j'ai été porté et soutenu par cette minorité, où d'ailleurs les capacités n'étaient pas assez nombreuses, car on y trouvait au premier rang les Avrial, Arnold, etc., hommes de peu de science et de peu de caractère. Je me suis constamment opposé à la ligne politique de la Commune; c'est par mon initiative et la pression que j'ai fait exercer sur elle par le *Père Duchêne* qu'a été obtenue la publicité des séances. Je disais souvent aux membres de la Commune qui me tombaient entre les mains, que le peuple n'avait pas fait la Révolution pour être gouverné par la Commune, mais pour se gouverner lui-même. J'ai favorisé autant que je l'ai pu la publicité, et n'ai jamais contribué à la publication des comptes rendus mensongers dont l'*Officiel* avait l'initiative. Les journalistes qui s'adressaient à moi, et c'étaient spécialement les Anglais, les Américains et la Sociale, avaient communication des dépêches authentiques. La publicité ne pouvait nous faire que du bien.

Je n'ai jamais espéré, depuis que j'ai connu la Commune, que la Révolution triompherait par la Commune, mais qu'elle triompherait malgré la Commune.

———

« Avrial est un mauvais chien, me disait ce
« trembleur de Régère, mais vous l'avez em-
« poigné. »

Voici ce qu'est Avrial : « Je me suis engagé
« à dix-neuf ans, je ne sais pas pourquoi ; je
« suis arrivé sous-officier, et je me suis mis à
« penser et à faire de la politique ; naturellement,
« j'ai été mal coté dans l'armée. A vingt-cinq
« ans j'ai quitté le service, encore sans savoir
« pourquoi : il fallait vivre, je me suis remis à

« mon métier de mécanicien. — Et voyez
« comme il faut être fou ! six mois après, je
« me mariais. En même temps je me lançais
« dans les entreprises ; mais j'étais malheu-
« reux, et au bout de six mois j'avais perdu
« 4,000 francs. Heureusement ma femme m'a-
« vait apporté quelque chose, une dizaine de
« mille francs. Mais je faisais aussi des inven-
« tions : j'ai inventé une machine à gaz qui
« est à Lyon chez M. ....

« Dix mois après mon mariage, tout mon
« mobilier, tous mes effets étaient au Mont-de-
« Piété. J'ai travaillé cinq ans avant de les
« retirer.... Mon mobilier, sans être riche,
« est joli et fort propre. J'ai logé tout ce temps
« à un sixième, couchant sur des chaises avec
« un matelas posé dessus ; personne n'entrait
« chez moi, et j'avais toujours la clef dans ma
« poche, pour qu'on ne voie pas....

« Je travaillais alors dans la machine à gaz,

« le moteur Lenoir ; il m'est arrivé, le samedi,
« et même le vendredi, la veille de la paye, de
« ne pas rentrer chez moi pour déjeûner, sa-
« chant qu'il n'y avait pas assez pour ma femme
« et pour l'enfant. J'allais faire un tour de pro-
« menade, j'allais flâner pendant que les autres
« déjeûnaient.

« J'ai travaillé pendant ce temps-là, j'ai lu
« tout ce que je trouvais. »

Avrial est taillé en hercule ; il est de la Commission de la guerre et s'est chargé, dès le début, de l'artillerie. Il s'est conformé avec lenteur, mais avec exactitude, aux indications que je lui ai données : il n'a rien fait au delà. Avant-hier soir, il arrive avec le reste de la Commission, mon mandat d'arrêt dans leur poche, et ils se retirent sans l'avoir exécuté, me laissant l'initiative et la signature de toutes mesures militaires. Hier matin, Avrial remonte avec Johannard ; ils me racontent l'histoire du mandat d'arrêt, et comme quoi ils avaient tous été fort embarrassés entre le mandat formel qu'ils avaient reçu, et leur résolution également formelle de ne pas l'exécuter ; ils ajoutent que tous les membres de la Commission se sont disputé l'honneur de venir me faire cette communication et me prier de répéter à la Commune les explications que je leur ai données la veille. Là dessus, je me lève, je les fais déjeûner, puis je fais atteler et je les conduis à l'Hôtel de Ville, où nous apprenons que la Commune a ajourné sa séance de dix heures à une heure, puis de une heure à deux heures.

Nous descendons dans la « Chambre à coucher de Valentine, » où déjeûnent Eudes et un autre membre du Comité de salut public. Je m'étale sur un meuble, et bientôt je reste tantôt avec Johannard, tantôt avec Avrial, qui m'ont bien déclaré que, si je veux m'en aller, je suis libre, mais qui ne s'en considèrent pas moins comme un peu responsables de ma personne.

C'est là que j'ai longuement causé avec Avrial de la question sociale, et je ne suis pas fâché de fixer sur le papier les idées d'un homme qui a sans doute amèrement étudié cette question, et à qui il a été donné de voir pour ses théories le jour de la pratique.

Nous avons causé épargne, nous avons causé salaires, outillage, capital ; puis il m'a parlé de ses études, de ses tentatives, des dépenses faites pour avoir des livres ou pour fonder des associations ouvrières, tantôt s'enorgueillissant du succès partiel qu'il avait obtenu, tantôt prétendant que leur succès est impossible. « J'en ai fondé trois, et il y en a une qui subsiste encore, l'association des ouvriers mécaniciens : malheureusement, nous avons commencé pendant le siége ; on n'avait que trois cents grammes de pain, on ne pouvait pas produire. Et puis nous avons été arrêtés par le manque d'argent : dix mille francs du gouvernement et quatre mille francs que m'avait avancés un tel, étant mangés par le gros outillage, nous devions faire nous-mêmes le petit outillage... » Puis, parlant avec plus de confiance : « Il se passe dans ces associations la même chose que vous voyez dans la garde nationale ; on nomme le contre-maître et le directeur à l'élection, on se réunit le jeudi, on fait des discours et on change le directeur. Voyez les ateliers du Louvre, qui sont à la Commune, pour les réparations d'armes : ils en sont à leur troisième directeur élu, et ils ne font rien. A l'association des ouvriers mécaniciens, on venait à l'heure qu'on voulait, on causait, on ne travaillait pas. Pendant ce temps-là les frais généraux marchaient. Il y avait cent transmissions à graisser, il y avait le moteur qui mangeait de l'eau et du charbon comme pour cent ouvriers, au lieu de cinquante qui travaillaient. Ils répondaient toujours : « Je me rattraperai, » et ils ne voulaient pas comprendre qu'on ne rattraperait pas les frais généraux... Ce qui leur manque, c'est la comptabilité. Savez-vous combien nous avons fait de fusils pendant le siége? » Et il me cita un chiffre dérisoire, quelque chose comme trente à cinquante journées par fusil.

« L'autre jour, ajoutait-il, ils sont allés au fort d'Issy désenclouer les canons; ils n'ont rien fait, et ils m'ont demandé 85 centimes de l'heure. J'ai encore de l'influence sur eux, je leur ai dit : — Personne ne gagne 85 centimes maintenant ; les gardes nationaux ont trente sous, vous êtes gardes nationaux. Mais comme vous avez pu faire de la dépense là-bas, je vous donne cinq francs.— Eh bien, je suis sûr qu'ils m'en veulent! »

Tout cela n'était pas dit sans tristesse. Cela prouve plus contre les ouvriers de Paris que contre la doctrine de l'association ouvrière ; en tout cas, cela vaut la peine d'être noté, car c'est le fruit d'une dure expérience. Le soldat mauvaise tête, devenu membre de la Commune de Paris en passant par la fougue de l'inventeur et par les angoisses du père de famille qui manque de pain, en sait long sur la théorie sociale, surtout lorsqu'il a, — Avrial l'a fait, — englouti une partie de ses salaires dans l'étude de ces livres enivrants et perfides qui promettent un facile bonheur comme le prix d'un système boiteux et mensonger ; lorsqu'il a consacré son temps et sa vie à édifier de fragiles associations ouvrières, pour aboutir avec moi à ce tremblant échafaudage de la Révolution parisienne.

« Le communisme, me disait-il, c'est de la blague. Les travailleurs ne doivent pas nourrir les feignants : il faut que celui qui gagne 12, reçoive 12, et que celui qui gagne 6 reçoive 6... Lorsque je m'associerai, soit en Amérique, soit ailleurs, ce sera avec un, deux ou trois amis que je connaîtrai bien, mais jamais avec le premier venu. »

11 mai 1871, minuit

Mégy est un ouvrier stupide (1). C'était le 30 avril ; Cluseret était sorti du ministère pour aller au fort d'Issy, d'où il devait aller à Mazas. On m'annonce que Mégy est là. Je le fais entrer dans la chambre du ministre, où Séguin entre avec moi, et je lui demande le récit de ce qui a motivé de sa part l'évacuation du fort, qu'il commandait. Je n'en tire que quelques

---

(1) Je laisse subsister les noms, soit pour l'éloge, soit pour le blâme des personnes, parce que je suis assuré que Rossel me le commanderait : les mémoires d'un mort sur le rôle qu'il a joué appartiennent, sans réticence, à l'histoire; et cette liberté de parler les uns des autres, entre vivants ou morts, est une des pratiques qu'il importe le plus de faire passer dans nos mœurs, dût la politesse y perdre quelque chose.

Si j'ai quelquefois laissé les noms en blanc, c'est seulement quand je les ai trouvés rayés dans le manuscrit, ou quand j'ai pensé que Rossel lui-même ferait ainsi, par quelque scrupule de générosité ou de condescendance.

J. A

paroles insignifiantes. Voyant le feu de l'ennemi éteindre son artillerie, il avait encloué les pièces, caché les culasses, puis il avait fait sortir la garnison et était sorti le dernier. Il ne s'était arrêté ni à Issy, ni au rempart, et était rentré en ville, laissant là forteresse et garnison. Comme il cherchait à m'expliquer qu'il était impossible de tenir, je lui rappelai les indications que je lui avais données par lettre au premier jour de son commandement, et lui dis que je regrettais qu'il n'eût pas répondu comme je le lui demandais, afin que je pusse expliquer les points incertains ou obscurs. « Moi, dit-il, j'ai cru que c'était une plaisanterie : vous me parliez comme on parle à un enfant. » Cette réponse bête à une lettre où j'avais parlé avec une sorte de déférence à ce héros douteux, me frappa cruellement. Mégy resta à la même hauteur pendant le reste de la conversation, se drapant dans une sorte de résolution d'accepter les conséquences de ce qu'il avait fait. Il resta ensuite consigné au ministère, d'où

Eudes l'emmena à Issy. C'est un assez beau garçon, brun, jeune : il porte le déguisement de colonel.

Après cela si vous me demandez « Mégy ou Galiffet? » ma foi, je vote pour Mégy, qui, après tout, a plus de droits à être inconscient.

***

11 mai 1871, minuit.

Ces gaillards-là ne sont pas courageux. Je crois qu'il y en a peu de courageux parmi les galonnés. Les vrais soldats et les vrais démocrates, j'en vois de temps en temps, méprisent la mort et méprisent même le galon. J'ai à citer de jolis exemples de timidité, de lâcheté, d'insouciance du devoir, de passions mesquines et sottes.

LA DÉFAITE DE LA COMMUNE

Le bruit de l'entrée des troupes régulières dans Paris se répandit le soir même, et se confirma le lendemain matin. Il y eut partout une sorte de stupeur, et il est probable que l'armée aurait pu, en se développant immédiatement, occuper dans la matinée la ville proprement dite. On avait raconté d'abord que la porte de Saint-Cloud avait été surprise ou livrée : on citait le 93me bataillon de la garde nationale. Les progrès de l'assiégeant dans la région du sud-ouest avaient été prodigieux : en même temps que la perte de l'enceinte, on savait l'occupation du Trocadéro, de l'École Militaire, des Invalides. Razoua et Vinot avaient fui sans combattre. Le Ministère de la guerre avait été évacué.

Les chefs militaires de la Commune avaient hérité de leurs prédécesseurs réguliers cette manie de centralisation administrative qui nous a si souvent été funeste. Gouvernement despotique et centralisateur autant que ses devanciers, la Commune avait laissé à la manutention du quai de Billy le monopole presque absolu de la fabrication du pain pour la troupe ; c'est un des rares services où il se soit trouvé des agents consciencieux et entendus : l'armée trouva à la manutention quarante mille pains, soit quatre-vingt mille rations.

A l'Ecole Militaire, le colonel Henry s'était efforcé de réunir le matériel d'artillerie; mais la jalousie des chefs particuliers, la faiblesse des moyens d'action, l'opposition personnelle du colonel Rossel, qui était formellement opposé à toute centralisation, furent autant d'obstacles qui ne permirent pas à Henry de réunir toute l'artillerie de Paris dans cette région.

Il se trouvait cependant dans l'École même, depuis le début de l'insurrection, un grand nombre de pièces de gros calibre, mortiers sur porte-corps, pièces de 24 lisses ou rayées, sur affût ou triqueballe, et mitrailleuses de divers systèmes. Sur le Champ-de-Mars, il y avait un parc de voitures d'artillerie assez nombreux pour constituer, avec les pièces correspondantes, la richesse militaire d'une nation. Le peuple, moins jaloux de cet article que des canons eux-mêmes, avait méprisé tout cela. Il y avait de nombreuses files de caissons, des forges, des chariots de batterie, des charrettes de siége, beaucoup de haquets tout chargés, quelques-uns portant un nouvel équipage de demi-pontons; il y avait aussi des caissons à deux roues et quelques voitures à bagages du train auxiliaire. Une certaine apparence d'ordre régnait dans cet immense parc, dont l'insurrection était incapable de faire usage.

Les premiers progrès de l'armée dans Paris lui livraient donc une grande partie des ressources centralisées par l'insurrection. Le manége de l'École Militaire, l'annexe de l'École, le dépôt de la rue Beethoven, à Passy, étaient des magasins à munitions d'une grande richesse. Ce dernier s'étendait, dit-on, sous une grande partie du Trocadéro; c'était une succession de souterrains, et l'inventaire des munitions accumulées dans les voûtes ne fut jamais fait. A l'Ecole et à l'Annexe, des gardiens consciencieux avaient conservé le bon ordre au milieu de cette dilapidation de richesses militaires. Le personnel de l'artillerie devait aussi être centralisé à l'École Militaire; la cavalerie et le train y avaient leurs bureaux. Enfin, par une ironie fortuite qui s'est souvent reproduite dans les incohérentes mésaventures de notre pauvre France, les journaux de la Commune reproduisaient, le lendemain de la prise de l'École Militaire, un avis officiel du citoyen Assi, ordonnant que les munitions ne seraient désormais délivrées que sur des bons visés à l'École Militaire.

Les deux rives avaient été entamées en même temps, et les premiers récits racontaient l'aventureuse reconnaissance d'un sergent et de quatre hommes, qui avaient traversé le viaduc d'Auteuil et s'étaient avancés assez loin sur la rive gauche, causant avec la population, fatigués et recevant un verre de vin de la main de quelque femme. Rien ne prouve mieux l'incurable incapacité de la garde nationale pour un service régulier, que cette paisible promenade d'une patrouille ennemie à l'intérieur des remparts attaqués.

L'armée se préoccupa d'abord de s'étendre le long du rempart : elle paraît avoir fait sur la rive droite des progrès particulièrement rapides, car on annonça bientôt qu'elle tournait les buttes Montmartre par le nord, ayant ainsi occupé les remparts du 16°, du 17° et du 18° arrondissement.

Vers midi, la stupeur fit place à une certaine activité. Paris se couvrait de barricades ; mais en vérité la barricade de 1871 est une maigre fortification ; c'est un mur en pavés, de $1^m 50$ à $1^m 80$ de hauteur et 1 mètre à $1^m 50$ d'épaisseur, parementé quelquefois, quelquefois couronné de créneaux en pavés. Une fois pris, ce pauvre retranchement se retourne contre ses défenseurs, puisque les deux faces sont semblables. Pour les construire, on arrêtait les passants ; un bataillon de gardes nationaux occupait la place, et les sentinelles requéraient le promeneur d'aller, de gré ou de force, de fournir son pavé à la défense. Ce procédé est vexatoire et peu efficace ; les gardes nationaux eux-mêmes se mettant au travail auraient fait beaucoup plus vite et beaucoup mieux, malgré leur paresse. Cela donnait lieu à des scènes de diverse nature : « Allons, citoyen, disait une sentinelle,

un pavé pour vous et un pour votre femme ! »
Et l'interpellé ôtait lestement sa redingote,
la posait sur le bras de sa femme, et allait
fournir sa quote-part de travail. Il y avait
aussi des récalcitrants, et les fédérés se mettaient jusqu'à huit pour escorter un de ces réfractaires.

La nuit de l'occupation fut employée à mettre sur pied toutes les forces de la Commune. La générale retentit toute la nuit ; au matin, les bataillons s'assemblaient, et, l'imminence du danger rendant un peu d'énergie aux défenseurs de la Commune, on se trouva plus nombreux que d'habitude ; les plus tièdes étaient menacés et signalés, et n'osaient se soustraire. En revanche, les équipements étaient plus variés que jamais, et plus que jamais on pouvait se demander ce qu'étaient devenus les vêtements militaires distribués avec profusion par la Commune. Une grande partie des gardes avaient des blouses ou des redingotes au lieu de la vareuse d'uniforme ; plusieurs avaient des pantalons de travail, et même des casquettes ou des chapeaux.

Dans la guerre des barricades, le Parisien retrouve une vigueur qu'il ne possède pas pour la défense des remparts ou la guerre de campagne ; la possibilité de fuir, d'échapper aux conséquences de la défaite en rentrant chez lui, de reprendre les armes au moment opportun, lui donne cette sécurité que les troupes régulières trouvent dans le coude-à-coude et la solidarité du drapeau. C'est cette préoccupation d'assurer sa retraite qui engage le soldat de barricade à abjurer l'uniforme quand il veut se battre sérieusement. Ce n'est pas avancer un paradoxe que de dire que l'uniforme enlève à l'émeutier une partie de son courage ; les gens en blouse ont plus d'énergie, d'initiative, de valeur militaire, que les gardes nationaux, et surtout que les officiers de la garde nationale.

En organisant leurs suprêmes moyens de défense, les fédérés devinrent tyranniques et vexatoires. Leur méfiance habituelle fut portée à l'extrême, surtout dans les quartiers où ils étaient assurés de leur force. Les habitants durent ouvrir les persiennes des fenêtres, fermer les croisées, lever les rideaux ; une croisée entr'ouverte, un visage à une fenêtre provoquaient les cris des sentinelles et quelquefois des perquisitions. Le motif de tout ce ménage était la crainte qu'on tuât du haut des fenêtres les défenseurs des barricades, en tirant sur eux par derrière avec des fusils à vent. Il est certain que souvent on a entendu des balles siffler dans les rues sans qu'aucune détonation eût averti du feu ; parfois même des gardes nationaux ont été blessés de la sorte : ce sont des balles égarées qui peuvent venir de plusieurs kilomètres de distance ; elles proviennent de quelque tireur maladroit ou épeuré qui aura laissé échapper la détente sans coucher en joue. On entend quelquefois ces balles siffler à l'aventure par-dessus les maisons.

Bientôt on requit les marchands de vin de fournir à boire, les boulangers de donner du pain, le tout gratuitement : il fallut se prêter à ces exigences, mais les marchands y apportaient, cela va sans dire, autant de restrictions qu'ils pouvaient.

Le 23, on apprit les progrès de l'attaque, l'incendie du Ministère des finances, qu'on attribua d'abord aux gens de la Commune; mais les journaux du parti dirent « qu'on avait réussi à étein-« dre l'incendie du Ministère des finances. »

Le 24, l'incendie de l'Hôtel de Ville dénonça les intentions des révolutionnaires. Entre neuf heures et dix heures du matin, les flammes jaillirent de la tourelle, qui fut pendant plusieurs heures la cheminée d'appel de l'incendie; puis d'autres foyers éclatèrent à l'ouest du premier, et l'on sut que la Préfecture de police et les Tuileries brûlaient sous la protection des fédérés.

La majorité de la Commune peut être justement accusée de ces crimes. Félix Pyat et les Blanquistes en sont les instigateurs. Le 23, Félix Pyat commençait son journal par un article dont le titre était : « Que ferons-nous des Tuileries ? » Les vainqueurs étaient déjà dans Paris, et ce misérable se préoccupait plus de se venger de la défaite que d'arracher le succès aux ennemis de la Révolution. La Légion d'Honneur était le quartier-général d'Eudes ; le Corps Législatif, celui de Bergeret ; la Cour des Comptes avait été confiée aussi à Bergeret, pour y cantonner une partie de ses bataillons.

Au contraire, le Ministère de la guerre a été préservé ; c'est que la majorité de la Commune n'a jamais trouvé dans son sein personne à qui elle pût confier la gestion de la Guerre. Cluseret, Rossel, Delescluze étaient des dissidents, presque des ennemis ; quant à Eudes, le ministre des premiers jours, son occupation ne s'était pas étendue au-delà de la cuisine.

Il est très-probable que le Dépôt de la guerre, le Dépôt des fortifications et Saint-Thomas-d'Aquin sont rentrés intacts aux mains de l'armée régulière ; une grande partie des richesses militaires de ces grandes collections avait été emportée en province avant le siége. Le reste fut soigneusement protégé par les délégués à la guerre, particulièrement les modèles d'armes qui se trouvaient à Saint-Thomas-d'Aquin, et qui étaient convoités par l'insurrection.

Tous les moyens d'action que possède le ministère de la guerre français, stériles entre les mains de nos officiers, stériles entre les mains de l'insurrection, sont de puissants moyens de destruction, et les occupants éphémères du Ministère ont été des révolutionnaires assez intelligents pour ne pas priver les révolutions à venir d'armes aussi redoutables à la société existante.

L'Assemblée nationale a témoigné une violente douleur à la nouvelle des incendies de Paris : le trait le plus saillant de ces incendies n'est guère cependant que la destruction du Grand-Livre de la Rente, et encore pourra-t-on le reconstituer. En tout cas on peut trouver cette sensibilité déplacée de la part de l'Assemblée qui a consacré la défaite et la ruine de la France et l'abandon de deux provinces, qui a poursuivi cette œuvre à travers la crise sociale et la guerre civile, et qui vient de la consacrer dans un traité aveugle, au même moment où elle achevait de vaincre l'insurrection.

Un autre fait à noter, c'est l'exagération des premières nouvelles données au public. L'incendie du Louvre, de la Sainte-Chapelle sont démentis, d'autres sinistres ont été atténués : l'odieux de ces incendies n'a pas besoin d'exagération.

Le 24 au soir, la fusillade éclata dans la rue, et dura jusqu'à minuit. Vers sept heures du matin, quelques soldats parurent. Les fédérés avaient enlevé leurs morts, excepté deux, mais avaient laissé un grand nombre de fusils. Les soldats en emportèrent une charge. Plus tard, deux soldats et un sergent du 70e de ligne viennent prendre le reste des armes, puis une troupe de vingt-quatre hommes, sans un officier, fouille les petites rues. Le soldat cause avec les femmes et quelques habitants descendus dans la rue : hier tout le monde avait quelque insigne militaire; il n'était pas jusqu'aux gamins qui n'eussent quelque bonnet de police, ou une veste de hussard, ou un pantalon à bandes ; on était chaussé du soulier militaire, avec la guêtre blanche sur le pantalon; aujourd'hui, c'est tout le contraire, « la tenue civile est de rigueur »; pas la moindre apparence guerrière. Le soldat a un air confiant, bonhomme; il fait contraste avec les gardes nationaux de la veille, et le contraste est en sa faveur : il n'a pas cette apparence déguenillée et sale du garde national sous l'uniforme; son ceinturon est bien ajusté, la capote ne fait pas au-dessus du fourniment un bourrelet disgracieux et incommode.

Il peut être neuf heures quand le régiment arrive : le drapeau est planté sur l'une des barricades ; les trois couleurs sont joyeuses à voir après le triste drapeau rouge, et pourtant ce drapeau tricolore va être souillé de meurtres et d'exécutions sommaires plus affreuses que n'a pu en abriter le drapeau couleur de sang. Le régiment passe ; voici des officiers français : leurs guêtres sont couvertes de poussière ou de boue, mais malgré la fatigue ils portent l'uniforme avec une aisance coquette. Cela fait plaisir à voir après ces gueux d'officiers de la Commune, trinquant sur le comptoir avec quelque sergent, gueux déguisés en soldats, et qui transforment en guenille l'uniforme dont on les a affublés : le pantalon en vrille, le sabre dans les jambes, le ceinturon pendant sur une capote trop large, le képi crasseux couronnant une personne crasseuse, l'œil et la parole avinés.

Tels étaient les drôles qui prétendaient affranchir le pays du régime du sabre, et qui ne pouvaient qu'y substituer le régime du *delirium tremens*. Mais quel que soit le plaisir qu'on éprouve à en être débarrassés, il faut rendre justice à leurs remplaçants.

Les officiers de l'armée ne se sont pas amendés dans cette courte campagne : ce sont toujours les vaincus de Metz et de Sedan. Les premières reconnaissances, quoique d'une trentaine d'hommes au moins, n'avaient pas d'officiers ; la troupe n'a pas profité des premières heures du jour ; les colonnes sont longues et offrent des traces de désordre ; les officiers supérieurs ne sont pas en tête de la troupe ; les officiers d'état-major paraissent seulement après que la brigade a passé. Enfin le général arrive, le dernier de tous. Il a la voix forte et il en profite pour crier. Il veut faire démolir les barricades, et pour cela on va fouiller les maisons et faire descendre les habitants : ils ont fait les barricades, il faut donc qu'ils les défassent. Une section part aussitôt pour exécuter cet ordre ; le général ne parle de rien moins que de faire fusiller ceux qui feraient résistance à ses volontés. La terreur, décidément, n'a pas disparu avec la Commune, elle n'a fait que changer de couleur.

La compagnie d'avant-garde avait amené avec elle un homme, il avait insulté un officier. La compagnie s'était arrêtée près de l'église, on avait mis l'homme contre la grille, et quelques coups de fusil l'avaient étendu mort.

Le général a établi son quartier au café ; on amène deux hommes et une femme; au bout d'un moment les prisonniers sortent, on pousse l'un d'eux jusqu'au mur du marché, il se cache le visage et cherche à fuir ; un coup de feu l'abat; il se relève, on l'achève ; puis l'autre a le même sort. La femme qui les accompagnait est au milieu de la place; les soldats la retiennent : « Mais c'est mon frère! crie-t-elle, mon frère ! » On la laisse aller lorsque les coups de feu ont retenti. Plus tard c'est une autre femme qu'on amène, pâle, effarée : elle a insulté un officier; on avait tué son mari, et elle l'a appelé assassin. L'officier la menace de se faire justice lui-même : toutefois elle trouve grâce devant le prétoire du général, et s'en va plus morte que vive.

Cependant on se dégoûte de tuer. Deux hommes ont été amenés; le général est sous le porche de la maison; tout en passant, il condamne ; mais comme on les emmène, le général rencontre le regard désolé et effrayé d'une jeune fille de la maison. Il se ravise, et la vie des deux hommes est sauvée. Le général monte et demande à revoir la jeune fille à laquelle il est reconnaissant de ce bon mouvement.

J'ai entendu dire que les plus fiévreux conventionnels caressaient quelquefois la fille tout en faisant guillotiner le père. C'est une des légendes de la Révolution. J'aime mieux cette assurance dans la férocité que l'indécision du juge grotesque qui fait grâce pour un regard. Pourquoi donc avait-il condamné ?

Plus tard, on amène un brave homme en lunettes, dont la grosse figure est blafarde de peur ; il est intempestivement coiffé d'un képi de capitaine de la garde nationale : ce képi retarde d'un jour. On emmène l'homme au Luxembourg. Un lieutenant est moins heureux, il est en uniforme. On le conduit au café ; le général est allé dormir, mais le prétoire ne chôme pas pour cela ; le lieutenant sort condamné. Il marche allègrement vers le mur du marché et meurt de bonne grâce.

Tout cela se passait le 25. La bataille, qui avait sévi avec rage la veille dans le quartier de l'Hôtel de Ville, s'est apaisée ou éloignée. Le feu s'est transmis de l'Hôtel de Ville aux maisons situées en amont. La canonnade des buttes Chaumont et du Père-Lachaise a augmenté de violence.

Le 26, la rive gauche, dit-on, est nettoyée. Le rayon de l'insurrection se circonscrit. Les journaux publient les noms d'un certain nombre de chefs de l'insurrection arrêtés, et surtout fusillés. En même temps, ils publient l'assurance donnée par Thiers à la Chambre que « les coupables seront jugés et ne seront frappés que par la loi. »

Le 27, le général *** (1) est revenu : c'est le héros des exécutions du marché; mais ses collègues ne seront pas en reste avec lui. On parle de deux cent cinquante hommes fusillés ensemble au Champ-de-Mars ; un gendarme raconte des exécutions en masse faites au Luxembourg par groupes de quatre. Le général s'ins-

---

(1) Ainsi que je l'ai dit déjà, j'évite de substituer l'anonyme aux désignations personnelles du manuscrit ; mais des raisons faciles à comprendre en l'état où nous sommes me conseillent, pour ce coup, de ne point baptiser la gloire du général ***, et de ne mettre, à la place de son nom, que les étoiles de ses épaulettes.

Il est clair, au surplus, que les actes de tel ou tel général n'incriminent point l'armée tout entière ; et Rossel ne parle ici que de faits spéciaux dont il a été témoin dans quelque quartier où il se cachait alors.
J. A.

talle : à son premier passage, il avait avec lui quelques hommes de police ; maintenant il en est entouré, ils ont voix à son conseil. Mais il s'est fait une sorte de réaction dans l'esprit de la troupe contre les exécutions sommaires. « Allons-nous-en, dit un soldat en voyant interroger deux prisonniers : on va les fusiller, je ne veux pas voir ça. » Les officiers recommandent aux hommes d'être circonspects dans les arrestations, et les avertissent que les dénonciations servent souvent à venger des rancunes personnelles.

On a amené deux hommes au général ***. Ils s'avouent délégués de la Commune, ils sont donc condamnés à mort : mais ce n'est pas la « mort sans phrases », car on les accable d'injures, et d'injures assez sottes : « Tout ce qui arrive est de votre faute ; vous faisiez marcher les gens par force, et maintenant c'est votre faute s'ils sont fusillés ! » O logique ! — « Votre âme doit être aussi noire que votre paletot, » dit le général. « Nous vous fusillerons sans vous faire souffrir, dit un officier; si nous vous livrions au peuple, il vous déchirerait. » Les deux patients supportent stoïquement les insultes; on leur impose silence, et d'ailleurs ils ne répondent rien. L'un est un grand jeune homme brun, l'autre un petit homme chauve. Ils s'embrassent en silence. « Embrasse ton frère ! » dit le général en les injuriant. « C'est mon fils ! » répond le petit vieillard. On continue à injurier les misérables : « Si je ne craignais pas de me souiller de votre sang, continue le général ***, je vous brûlerais la cervelle avec mon revolver. » Enfin on conduit les deux délégués au Luxembourg, où siége la cour martiale.

Le général est parti pour le rempart avec les officiers. Ce sont toujours les vaincus de Metz et de Sedan.

De Cissey commande sur la rive gauche; Ladmirault sur la rive droite : ce sont là de bons choix. Clinchant commande aussi un corps d'armée sur la rive droite. Les mêmes troupes sont rangées sous les mêmes chefs qu'avant la captivité; mais elles ont pris des numéros provisoires, au moins pour quelques-unes.

La terreur règne partout; on fusille en masse sur dénonciations douteuses ; la circulation est presque impossible. Les Prussiens ont coupé les voies de chemins de fer en enlevant les rails sur une longueur de cent mètres; ils rendent au vainqueur les fédérés qui cherchent à s'échapper, et fusillent, dit-on, ceux qui sont parvenus à franchir leur ligne. La Commune a peu d'amis en Europe; mais il faut lui rendre cette justice qu'elle a fait peu pour en avoir. L'Espagne et la Belgique, qui ont une légitime terreur du drapeau rouge, considèreront comme des malfaiteurs les réfugiés de la Commune.

Cependant l'Assemblée de Versailles fait à défunte la Commune une concurrence déloyale : elle décide que la colonne Vendôme sera rebâtie, et détermine les inscriptions en style lapidaire qui seront gravées sur le socle.

Samedi, 27 mai 1871.

La question de la solde de la garde nationale a été une des grosses questions dans la révolution de Paris. On n'a pas réussi à organiser le contrôle des fonds, et l'argent du public a constamment été au pillage. La plèbe était aux gages de la révolution, qui n'a pas osé chasser les serviteurs inutiles.

Il fallait payer le service *fait*, et conformer les prestations et la solde aux tarifs militaires convenablement modifiés; il fallait rompre avec les vices du système précédent, remettre aux municipalités tout ce qui était bienfaisance, quitte à organiser cette bienfaisance avec libéralité, et à n'attribuer la solde qu'aux services effectifs.

La Commune a voulu entrer dans la peau du défunt gouvernement : elle a eu son ministère des finances, son ministère de la guerre, son intendance générale ; tout cela était mauvais en principe, plus mauvais encore pour elle ; tout cela l'a mal servie.

Est-il vrai que le peuple de Paris combattit pour les trente sous ? Le Comité central et la Commune l'ont cru, ils ont cru du moins qu'il ne combattrait pas sans les trente sous. Ils se trompaient : le peuple de Paris combattait pour la liquidation sociale, ce problème dont l'histoire ne donne pas la solution et que les abstracteurs de quintessence n'ont pas renoncé à chercher. Les chefs de la révolution ont été indignes de l'armée de la révolution ; ils ont eu peur d'elle, ils l'ont menée au cabaret et aux mauvais lieux, et ont achevé la dissolution morale qu'ils auraient pu vaincre.

28 mai, 11 h. 1/2 du soir.

Dans les derniers jours de leur domination, les fédérés ont usé avec un sans-façon tout révolutionnaire de la propriété privée autant que de la propriété publique. Les marchands de vins, les boulangers, les épiciers ont été réquisitionnés à fond ; il y a des magasins qui ne rouvrent pas, faute de denrées.

Les vainqueurs ont fait fermer les marchands de vin. Le marchand de vin est un club en permanence ; c'est là que les gardes nationaux aimaient à s'épancher. C'est un peu là que les révolutions se confectionnent ; il s'y fait un constant échange d'idées, échange profitable surtout au « mercanti » : le marchand de vin est comme un bureau d'esprit public à l'usage de la démocratie. Mais si les révolutions s'y élaborent, elles s'y démolissent aussi. C'est là que l'émeutier contracte cet esprit d'indépendance nonchalante, cette confiance dans sa force et dans son jugement qui se substituent bientôt au sentiment du devoir, à l'esprit de sacrifice, qui ont pu l'animer aux premiers moments de la lutte et qui ne se retrouvent plus que dans quelques crises suprêmes.

Il ne faut pas oublier, en étudiant nos révolutions, que le peuple veut quelque chose, et qu'il sait ce qu'il veut. Il a toute la puissance des forces naturelles, et peut-être il n'est pas inconscient comme elles. Depuis quatre-vingts ans, le peuple français se soulève périodiquement en immenses marées, il enveloppe tout, il couvre tout d'écume et de sable, il brise tout ce qui s'oppose à son courant impétueux; mais bientôt il retombe, assoupi et comme vaincu, au pied du rocher qui limitait ses flots. Il semble que le rocher ait été plus puissant que la vague; qui l'emporte à la fin, cependant, de la vague ou du rocher?

La suffisance, l'indiscipline et l'ivrognerie ont été les compagnons de guerre de l'armée française dans la guerre de 1870, et de la **garde** nationale de Paris dans la révolution de 1871. L'une et l'autre ont péri misérablement.

Les gens qui ont conduit la révolution du 18 mars semblent ne l'avoir considérée que comme une immense goguette. Pour le garde national, c'était l'affaire des trente sous par jour ; les comités de légion exploitaient l'affaire en boîtes de conserves alimentaires et en mètres courants de galon. Le Comité central de la Fédération était le défenseur de ces beaux priviléges ; on y risquait l'orgie, et le champagne, et tout. Félix Pyat se payait la maison de Thiers, Courbet abattait la colonne. *Trahit sua quemque...* D'ailleurs nul souci de l'avenir, nul souci de la victoire.

Le défaite de la révolution de Paris n'est peut-être pas un malheur pour la démocratie. C'est un combat d'avant-garde, mal engagé et perdu, mais les réserves n'ont pas été engagées; le corps de bataille même n'est pas compromis.

Plus d'un démocrate sérieux a combattu avec la Commune de Paris ; beaucoup l'ont abandonnée aux différentes étapes de sa carrière insensée ; les plus vigoureux n'ont pas paru dans l'arène, tellement le combat était mal engagé.

La victoire, à la vérité, va être exploitée d'abord par le parti le plus extrême parmi les vainqueurs : c'est l'usage. Déjà l'on fusille à outrance sur les places et on chante des actions de grâce dans les églises ; mais l'exercice même de la victoire va user l'extrême-droite.

Ainsi le terrain va se trouver déblayé, d'une part de l'ivrognerie démagogique des Parisiens, constamment funeste à la cause qu'elle a prétendu servir, d'autre part du parti blanc, qui va exploiter la victoire « à s'en faire mourir. »

Il est merveilleux d'examiner combien ce peuple intempérant qui se soulève à Paris d'époque en époque a été constamment funeste aux vrais intérêts de la démocratie. Les prétendues révolutions de 1830, de 1848, de 1871 ont été immédiatement exploitées par des indignes ou des incapables, et ont constamment faussé nos institutions dans un sens qui n'a rien de démocratique.

L'Internationale n'a pas sérieusement donné dans la révolution de Paris; elle envoyait, dit-on, de l'argent (la Commune n'en a jamais parlé); mais ce n'était évidemment qu'une minorité très-effacée dans le gouvernement de Paris.

Le Comité central a toujours été très-exclusif. C'est quelquefois une force; ce fut pour lui et pour la révolution une cause de faiblesse. Il n'a pas cherché à s'assimiler les forces révolutionnaires qui existaient en dehors de lui, il les a exclues et combattues avec une étroitesse de jugement qui était sa condamnation. Vaincu par sa propre incapacité, il a fait faire les élections au moment où la victoire était loin d'être assurée. Ayant une fois remis à la Commune le soin d'achever la révolution, il n'a remis aucun pouvoir à la nouvelle Assemblée et n'a quitté que les positions d'où il était chassé. Le Comité central s'est perpétué à l'Hôtel de Ville, le Comité d'artillerie de même ; les sous-comités ont continué à *exploiter* l'administration des arrondissements. Il a fallu mettre tout cela à la porte; le 10 avril, les délégués de la Commune pour l'administration locale n'étaient pas encore maîtres des mairies.

La mort de Raoul Rigault est confirmée. Jaroslaw Dombrowski a, dit-on, été frappé d'une balle qui a traversé les intestins. Transporté d'abord à Lariboisière, puis à l'Hôtel de Ville, il a rapidement succombé à une péritonite subaiguë. On affirme également la mort de Ladislas Dombrowski. La *Petite Presse*, datée du 29 mai, racontait la découverte du corps de Delescluze, et parlait en termes désobligeants de ce vieillard qui a si longuement souffert et qui s'est dévoué à sa cause jusqu'à la dernière heure, malgré sa faiblesse physique, ses souffrances, ses infirmités.

Raoul Rigault avait, dit-on, de grandes aptitudes. Quoi qu'il en soit, il aurait dû, pour servir utilement sa cause, ajourner la débauche et le temps perdu. Il a mené à la Préfecture de police l'existence scandaleuse d'un viveur dépensier, entouré d'inutiles, consacrant à la débauche une grande part de son temps.

Jaroslaw Dombrowski n'a jamais joué franc jeu ; il a accepté des avances du Comité de salut public, de l'assemblée des chefs de légion, en même temps qu'il obéissait à la délégation de la guerre. Ces intrigues ont été plus d'une fois nuisibles à la défense.

Ladislas Dombrowski était un brave soldat.

Delescluze, s'il n'avait pas été affaibli par

l'âge et par la maladie, aurait peut-être été l'homme de la révolution. Il a marqué son arrivée au ministère de la guerre par plusieurs mesures heureuses et qui auraient pu remettre de l'ordre dans le gouvernement des affaires militaires. Quant aux questions techniques, il y était absolument étranger. Il ne paraît pas non plus qu'il fût administrateur. Tout considéré, c'était un homme usé. Le 9 mars, il s'était relevé de quinze jours de maladie : une longue déportation avait ruiné sa santé, il ne parlait plus, il respirait à peine ; c'était un cadavre ambulant. L'acceptation du pouvoir était le sacrifice des misérables restes de sa vie, et cependant il accepta ; il accepta de la majorité de la Commune, dont il ne faisait pas partie, mais qu'il dominait de la grandeur de son passé, un rôle impossible, condamné d'avance, et dans lequel il ne fut pas soutenu. Il est tombé derrière une barricade, mais déjà il avait succombé à la tâche. On a retrouvé son corps défiguré par une affreuse brûlure que lui avait faite au

cou une poutre tombée d'une maison voisine.
Les vainqueurs trouvent des paroles pour insulter sa mort.

28 mai, 11 heures soir.

———

Cluseret était grand ; il avait peut-être quarante-quatre ans, le teint blanc, les cheveux et la barbe noirs, une figure bellâtre. Il avait dû être un garçon à bonnes fortunes. Il avait la faconde d'un journaliste, et savait placer hors de propos une déclaration de principes. Son écriture est très-nette, sa rédaction, beaucoup moins : ce qui dément les analystes qui prétendent juger l'homme sur son écriture. Le caractère de Cluseret manquait surtout de netteté, et son esprit de décision. Il ne paraît pas qu'il eût ni principes fixes, ni connaissances approfondies, ni expérience sérieuse. C'était peut-être un bon et intelligent capitaine d'infanterie ; peut-être les hasards qu'il a subis depuis qu'il a quitté l'armée française ont-ils amolli son caractère sans éclairer son esprit. Jeune homme distingué, il était devenu un homme médiocre. Rien n'est plus problématique que sa carrière de général aux États-Unis : il y avait servi peu de temps, et dans un corps complétement décrié sous le rapport de la conduite autant que de la valeur militaire ; le choix de ce chef a décrié la Commune dans tous les États-Unis. Délégué à la guerre, il n'a pas su vouloir, ni continuer ce qu'une fois il avait voulu ; il n'a pas su se soumettre au rôle secondaire que lui donnait l'inintelligence de la Commune, il n'a pas su non plus le secouer. Au début, il a paru se préoccuper de s'assurer la prépondérance, il a même joué une bonne fois le tout pour le tout ; mais voyant qu'il perdait, il s'est adroitement dégagé. Depuis ce moment, il a usé jusqu'au bout sa situation au ministère, peut-être même l'a-t-il exploitée. Il avait des agents à lui qui ne s'occupaient ni de politique ni de guerre, mais de fournitures, et entre les mains desquels ont passé plus de 600,000 francs. Ces agents ont disparu après son arrestation.

Cluseret allait au feu très-carrément. Il n'a pas mis l'uniforme une seule fois ; il marchait devant, en chapeau rond et en veston, et on le suivait. Lorsqu'il a ramené une garnison au fort d'Issy, un obus à pétrole a brûlé grièvement un officier auprès de lui.

Il n'a pas su choisir les hommes ; tous ceux qu'il a favorisés étaient des médiocrités parfaites. Roselli, son chef du génie, et le colonel Mayer ont été les plus désastreusement médiocres de tous. Les mesures qu'il a prises étaient parfaitement incohérentes et dépourvues de sanction autant que de moyens d'exécution ; encore revenait-il trop aisément sur une mesure prise. En un mot, il était au-dessous de la situation. Quel homme peut assurer qu'il n'eût pas été de même?

Cluseret a eu des moments d'énergie, il n'a

pas eu de volonté. Après avoir entrepris la lutte contre la Commune, vaincu, il devait se retirer. Ce n'était pas un franc révolutionnaire, c'était un Français superficiel, frotté de Yankee, et qui, dans la philosophie yankee, n'avait guère compris que le mot dollar.

28 mai, 11 heures soir.

Le colonel Leperche, qui a été blessé devant le fort d'Issy, est un officier distingué à de certains points de vue. Il a eu des débuts brillants aux écoles, mais je le tiens pour incapable de conduire quarante tirailleurs : il l'a d'ailleurs prouvé. Il était attaché à l'état-major du général Bourbaki, qui tenait beaucoup à lui ; il retrouva son général à Lille, et fut nommé par lui lieutenant-colonel.

La sommation envoyée par lui au fort d'Issy

était parfaitement déplacée, et l'acte autant que l'homme méritait la réponse cavalière que fit le colonel Rossel. Une sommation aussi extrême était prématurée, et Leperche n'était nullement en état de passer la garnison par les armes après un quart-d'heure ; il en a reçu lui-même la preuve par un argument *ad hominem*, puisque deux jours après il a été blessé à la tranchée devant le fort. Son message devait donc être réputé, en l'état des attaques, pour une intimidation ou une ruse, et l'un ou l'autre cas autorisait la réponse de Rossel, réponse dont la justesse ne fut pas comprise, mais qui obtint un grand succès humoristique. La *Gazette de France* fit aigrement remarquer que les lois de la guerre n'autorisent nullement à fusiller un parlementaire : la bonne vieille se trompait. Le drapeau parlementaire ne peut être sacré que si les abus que peuvent en faire les Leperche sont sévèrement punis.

Lullier a, dit-on, été fusillé ; il n'y a guère de

chef de l'insurrection dont on n'en ait dit autant. Celui-ci aurait été pris comme il tirait sur la troupe à travers un soupirail. Lullier était peut-être le seul homme dans Paris qui pût utiliser la flottille ; malheureusement sa santé physique et intellectuelle était trop profondément altérée par la boisson pour qu'on pût recommencer l'expérience malheureuse que le Comité central avait faite de ses facultés. Il paraît que l'usage même modéré des liqueurs produisait chez lui une exaltation furieuse. A l'état de repos, et même lorsqu'il s'observait, son regard avait des égarements passagers. Il a souhaité avec violence le commandement des dix-sept canonnières que possédait la Commune, et il expliquait avec une réelle supériorité les moyens de les mettre en œuvre. Rossel, qui était alors chef d'état-major, eût peut-être fait la folie de satisfaire à cette fantaisie lucide, mais Cluseret affectait de s'en remettre à Delescluze et à Pyat, qui tremblaient à la seule pensée d'employer Lullier. Le malheureux poursuivit cette espérance avec toute la ténacité d'un fou ; lorsqu'il lui fallut y renoncer, il écrivit contre la gestion du délégué de la guerre des articles qui ne manquaient pas de justesse.

Le gouvernement de la révolution parisienne a été depuis le début jusqu'à la fin une sorte de Conseil des Dix. Le Comité central, et ensuite la Commune, avaient conscience de leur honteuse infériorité : s'ils ne publiaient pas leurs orageuses réunions, qu'on ne peut réellement pas appeler délibérations, ce n'était pas par système, mais par une juste pudeur. La discussion se faisait, la conscience de ces assemblées souveraines s'éclairait par un procédé qui n'a pas de nom dans le dictionnaire ; mais si le parti qui a gouverné Paris pendant deux mois revenait au pouvoir, il faudrait absolument que le mot *engueulade* prît place dans le langage des comptes rendus parlementaires.

Paris n'a pour ainsi dire pas besoin

de cette publicité. absolue, immense, qui semble une des nécessités de l'existence d'un peuple libre. Paris est assez intelligent pour deviner ce qu'on ne lui dit pas, pour rectifier ce qu'on lui dissimule. Semblable à un homme qui aurait l'habitude de vivre dans l'obscurité et de distinguer au toucher les formes réelles, Paris a des organes mystérieux qui lui font lire entre les lignes de ses journaux chaponnés, qui lui font deviner la signification d'un silence et dépister une fausse nouvelle. Cependant, à tout prendre, la publicité vaut mieux, surtout pour le gouvernement, qui n'a jamais voulu comprendre que la vérité, quelle qu'elle soit, lui sera moins défavorable que les interprétations.

Le colonel Rossel paraît être le seul révolutionnaire qui ait compris quelque chose à la puissance de la presse et qui ait cherché à l'utiliser. Il accueillait les journalistes avec une considération proportionnée à leur tirage, et n'hésitait pas à leur mettre en main les pièces authentiques relatives aux événements les plus récents. Ses relations avec le *Père Duchêne* avaient eu pour origine ce besoin réciproque de renseignements d'une part, de publicité de l'autre. La communauté des vues et la franchise des relations amenèrent une confiance réciproque et une sorte de familiarité. Le commandant *** lui reprochait un jour l'empressement avec lequel il recevait « ce misérable » Père Duchêne, à quelque heure qu'il se présentât : « 60,000 exemplaires » répondit Rossel ; et la raison était aussi péremptoire que le « Sans dot » de l'*Avare*.

Cette liaison aurait pu d'ailleurs porter des fruits utiles à la Révolution. La première fois qu'Eugène Vermersch vint au ministère, Rossel lui parla avec énergie de la nécessité de rendre publiques les séances de la Commune. Vermersch saisissait immédiatement une idée, et sa verve endiablée la traduisait avec un éclat, un

brio surprenants ; par une opération rapide de
son esprit, il vous rendait votre propre pensée
transformée en un feu d'artifice, étincelante de
bouquets et de girandoles, émaillée de ces fiori-
tures que proscrivent l'Académie et la bonne
société, et qui fournissaient tant de « lignes »
au Père Duchêne. Trois jours après cet entretien, la Commune accordait la publication des
comptes rendus analytiques de ses séances,
publication qui ne fut pas d'ailleurs faite avec
bonne foi.

Le *Père Duchêne* et l'*Avant-Garde* de
Jules Vallès étaient les journaux les plus répandus de la Révolution parisienne ; le *Mot
d'Ordre* en était le meilleur journal. L'*Avant-
Garde* était aux jacobins, qui ont dirigé et perdu
la Révolution.

Rochefort et le Père Duchêne étaient, au
contraire, des adversaires de ce parti, ce qui
explique leur entente spontanée avec le colonel

Rossel. Rossel et les rédacteurs du *Mot d'Ordre* ne se sont jamais vus, mais il y a eu entre eux des échanges inavoués et tout naturels de bonnes relations et de bons offices qui se sont prolongés, de la part du *Mot d'Ordre*, jusqu'après la chute de Rossel.

Les ordures dont le Père Duchêne parait sa marchandise pour affriander le public étaient un simple hors-d'œuvre; il y a vingt jours, une aimable femme qui lisait le *Père Duchêne*, une heureuse femme alors, veuve désolée aujourd'hui, Mme Dombrowska, me faisait remarquer qu'en effaçant dans cet étrange journal les artifices de style dont il s'enguirlandait, il restait un langage éloquent quelquefois, quelquefois touchant.

Les Français ont toujours aimé à trouver un peu gras les abords de la coupe où ils buvaient la vérité. Pourquoi le procédé qui réussit à Rabelais contre les papegaux, à Voltaire contre les cagots, serait-il devenu mauvais contre les cuistres de nos jours? Pourquoi serait-il aujourd'hui illégitime?

Le Père Duchêne a une chose sur la conscience qui est plus grave que tous ses b..... et tous ses f..... Un jour, dans l'activité un peu folle de la confection du journal, une dénonciation passa, empruntant à la langue dans laquelle elle était exprimée l'énergie et la violence qui en assurèrent le succès. Gustave Chaudey, rédacteur du *Siècle*, dénoncé pour avoir tiré sur le peuple le 22 janvier, fut arrêté et incarcéré; il y eut un orage dans la presse, et un autre orage intime dans le bonnet qui contenait la triple tête du Père Duchêne, car la dénonciation s'était produite à l'insu de Vermersch et d'un autre des collaborateurs. Cependant, pris la main dans le sac, comme on dit, le Père Duchêne capitula avec lui-même; il s'enorgueillit de la délation qu'il aurait voulu effacer. Gustave Chaudey a été fusillé, en même temps que les prisonniers les plus marquants de la Commune.

Si quelque chose pouvait sauver la Révolution, nourrir l'agitation révolutionnaire, l'épurer et la préserver de l'erreur, c'était la liberté de la presse, c'était l'organisation de la publicité. Elle était sans inconvénients au point de vue militaire, car ce qu'on dirait des opérations militaires de la Commune ne pouvait que les grandir; à travers le mirage du journalisme, les hordes devenaient des bataillons et des corps d'armée, l'agitation était de l'activité, les aventures des entreprises : tout grandissait ainsi, tout devenait redoutable, et la liberté était une excellente spéculation.

Au point de vue politique, la liberté de la presse devenait un dérivatif par où s'écoulait la mauvaise humeur. C'était aussi un modérateur, et ce gouvernement inexpérimenté en avait plus besoin que tout autre, car il n'en avait aucun. Aucune institution n'avait survécu à la Révolution du 18 mars, mais la presse est une institution qui a tout intérêt à être éclairée, et qui peut être séduite et faussée si elle est soumise à des limites.

Avec une presse libre et le marché monétaire en activité, un gouvernement est mieux éclairé que par les remontrances d'un parlement de légistes ou les travaux d'un conseil d'État. La presse est un parlement et un conseil d'État qui ne coûte rien ; le taux du marché est plus instructif que le meilleur rapport de police.

Le colonel Rossel, qui a pensé beaucoup plus qu'il n'a agi, et en cela il a eu grand tort, disait après avoir sondé l'insuffisance des hommes qui l'entouraient : « Je ferai du peuple mon chef d'état-major. » Il aurait tout fait par l'intermédiaire de la presse. Le temps ou la volonté lui ont manqué pour cela ; le *Journal officiel*, d'ailleurs, l'a toujours mal servi.

Le *Journal officiel* de la Commune était vénal ; c'était de tout point un serviteur infidèle, il était inexact et peu intelligent.

Le *Mot d'Ordre* était un puissant journal de lutte. Rochefort y prodiguait cet esprit acerbe, ces mots à l'emporte-pièce, cette verve qui donne au sens commun la tournure d'un paradoxe, au paradoxe l'apparence du sens commun, qui font de lui le premier des polémistes de nos journaux. Lui aussi était serviteur de la Révolution et ennemi de la Commune.

Il importe de distinguer quand on parle de la puissance de la presse. Un journal est un écho ; ce n'est pas un point d'appui quand même. Un vrai journal, qui vit de sa publicité, est astreint à suivre les évolutions de sa clientèle, les évolutions de l'esprit public. Il laisse ainsi à découvert, dans un moment critique, l'homme politique qui devance ou qui affronte l'opinion.

— Personne n'était prêt. Aucun des serviteurs de la Commune n'avait étudié son rôle pour la grande scène. Pas d'étude, pas d'acquis, pas de caractère, pas d'audace durable. Cette plèbe ouvrière aspire à posséder le monde, et elle ne sait rien du monde. Lorsqu'un malfaiteur veut forcer une maison, il en fait d'abord le tour; il étudie les portes, les serrures; il sait où sont les meubles et comment les forcer. La Commune a été le malfaiteur novice qui est réduit à tuer pour voler, et qui se trouve ensuite embarrassé de crimes inutiles, ne sachant où sont les caches et les secrets.

La comparaison me plaît et je m'y tiens. Paris a été, entre les mains de ces sauvages, comme un coffre-fort à secret. La maison était forcée, le peuple faisait la courte-échelle sous la fenêtre, et la Commune, se grattant le front devant le coffre-fort plantureux qui contenait la richesse sociale, était obligée de se contenter du billon. Seulement elle a mis, en partant, le feu à la maison par acquit de conscience.

— Quelques anecdotes sur la prise de Paris.

A la gare de Strasbourg, une femme fut amenée prisonnière par un artilleur, qui l'accusait d'avoir mis le feu à des canons. C'était une grande et belle femme, proprement vêtue, une ouvrière, et non une gourgandine. Conduite à un officier, elle fut remise à deux caporaux, dont un à moitié ivre, qui la poussèrent vers le corps de garde; et là, lorsqu'elle fut entrée, on la tua d'un coup de fusil par derrière, sans l'avoir prévenue de son sort. Son cadavre fut l'objet des plaisanteries des soldats jusqu'à ce qu'un des employés de la gare le fît recouvrir.

Il y avait dans le même quartier, pendant la lutte, un gamin d'une quinzaine d'années, armé d'un fusil, qui tirait des fenêtres sur la troupe. Tous ses coups portaient. Il arborait à la fenêtre dont il avait fait son quartier général un petit drapeau rouge, et le transportait avec lui lorsqu'il changeait de fenêtre.

Les exécutions sommaires sont à peu près arrêtées. On dit que cet arrêt est dû au général Ladmirault. Ladmirault aurait même menacé de faire fusiller des officiers qui n'auraient pas pris directement ses ordres. Le fait est qu'à un moment donné, la vie d'un chacun était à la merci de la fantaisie d'un sergent.

Les exécutions régulières se font après un examen sommaire devant une cour martiale. Lorsqu'il y a condamnation, l'exécution se fait à peu près dans les formes de ce que l'histoire a appelé les massacres de septembre 1792.

— Un aveu qui pourra être exploité pour la défense des vaincus se trouve dans une dépêche de Thiers à la province, en date du 27 mai, 7 h. 15 du soir : « Le commandant Ségoyer, du 26ᵉ de chasseurs à pied, s'étant trop avancé, a été pris par les scélérats qui défendaient la Bastille, et, sans respect des *lois de la guerre*, a été immédiatement fusillé. »

— Delescluze *s'est fait tuer* après l'abandon de la barricade où il se trouvait. Il a été frappé d'une balle au cœur.

— Le *Temps* du 30 mai contient de précieux renseignements sur la prise de Paris. Dimanche soir, 21, les corps des généraux Douay, de Cissey et Vinoy étaient à Paris. Le Trocadero fut enlevé dans la nuit, ainsi que l'Arc de Triomphe, en même temps que le 15e arrondissement. Le matin, 22, de Cissey occupait le Champ de Mars et marchait vers le Panthéon. Sur la rive droite, le corps de Vinoy s'appuyait à la Seine; puis venait celui de Douay, et, à l'extrême-gauche celui de Clinchant. Le mardi 23, la caserne de la Pépinière et la gare Saint-Lazare, Monceau et les Batignolles étaient emportés. En même temps que l'armée se développait à l'intérieur, la division Montaudon s'avançait dans la zone neutre par Saint-Ouen. Le 23, Ladmirault occupe la gare du Nord ; la mairie du 18ᵉ arrondissement est également prise.

— La prise d'armes de la Commune a forcé la France à demeurer les armes à la main. Ladmirault, de Cissey, du Barrail ont été portés à de grands commandements ; *depuis longtemps les sincères amis de la patrie avaient les yeux fixés sur ces officiers.* Il n'a pas fallu moins de deux révolutions et la pressante nécessité du siége de Paris, pour que le général Fournier fût appelé à jouer un rôle militaire ; jamais l'armée des vaincus de 1870 n'aurait toléré l'élévation de cet homme de science et de commandement. C'est lui, selon toute probabilité, qui a pris Paris.

Parmi les chefs de corps d'armée de la guerre civile, il n'y a guère que *** qui ait fait preuve d'incapacité notoire. Que l'on compare ces noms à ceux de l'armée de Metz.

Le soldat ne s'est pas fait ; on l'a nourri de l'espoir d'une prompte libération : ce qui détruit tous les liens de l'armée, et brise par avance la solidarité et l'émulation. L'officier s'est battu, mais on ne peut pas espérer que sa victoire sur un ennemi ignorant ait profité à ses connaissances. Deux mois de défaites contre les Prussiens auraient mieux valu pour l'armée française que deux mois de succès contre la Commune.

En promettant la libération au soldat à l'échéance du siége de Paris, les réactionnaires ont servi la liberté.

— Voici quelques notes qui retracent l'esprit de la répression exercée par les vainqueurs sur les partisans de la Commune ; elles sont découpées dans la *Petite Presse* du 31 mai :

« On voyait, hier, sur la Seine, une longue trainée de sang suivant le fil de l'eau et passant sous la dernière arche du côté des Tuileries. Cette trainée de sang ne discontinuait pas. »

— Sous le titre *les Furies*, le même journal publie le fait suivant : « Rue de Bretagne, une « femme passait près d'un groupe de soldats ; « elle se mit à les apostropher violemment, les « appelant assassins. L'officier qui commandait « le poste tire son sabre et laboure la figure de « la mégère ; elle a été achevée à coups de « baïonnette. »

Il faut lire aussi l'exécution de Dereure, racontée par *Paris-Journal*. C'est effrayant de sans-façon.

Les officiers se plaisent à jouer un rôle dans les meurtres ; les règlements militaires ont cependant pris soin de leur refuser toute part active aux exécutions. Tantôt c'est un officier qui donne le coup de grâce à un supplicié, tantôt un autre qui brûle la cervelle à un fuyard ; mais le plus distingué est certainement, et de beaucoup, celui qui frappe de son sabre au visage une femme qui l'a insulté. Les journaux racontent tout cela sans colère, je me trompe, avec une vive colère contre les victimes :

« Une cour martiale est installée au théâtre
« du Châtelet, dans le foyer du public. Elle est
« présidée par un lieutenant-colonel. Les indi-
« vidus reconnus coupables et condamnés à la
« peine de mort sont conduits à la caserne
« Lobau, derrière l'Hôtel de Ville, sous l'es-
« corte d'un piquet du 10e chasseurs à pied.
« Des pelotons d'exécution attendent les con-
« damnés dans la cour de la caserne, et justice
« est faite aussitôt qu'ils entrent. »

Ceci est une autre note extraite du *Journal de Paris*, et qui a paru dans plusieurs feuilles :
« Voici comment a procédé, pendant la lutte, la
« cour martiale établie au Luxembourg et pré-
« sidée par un officier supérieur de gendarme-
« rie. Tout accusé subit un interrogatoire
« sommaire, après lequel le président prononce
« la sentence. Si le coupable est déclaré *ordi-*

« *naire*, on le reconduit en prison, et de là il est
« dirigé sur Satory ; si, au contraire, il est déclaré
« *classé*, on l'amène dans une salle voisine, où
« il lui est permis de s'entretenir quelques ins-
« tants avec un prêtre avant d'être exécuté. »

La circulaire de Jules Favre relativement à l'extradition est d'un gouvernement de fous, aussi bien que le sanglant système de la répression. Les procédés de la Commune à l'égard de ses otages et en ce qui concerne les monuments, sont des procédés de guerre, extrêmes, mais réguliers. L'incendie du Louvre me scandalise beaucoup moins que l'incendie de Bazeilles, et cependant M. Jules Favre serait mal venu de demander, à l'occasion de l'affaire de Bazeilles, l'extradition de l'empereur Guillaume. La demande d'extradition n'est pas fondée en droit; refuser à l'insurrection de Paris le caractère politique est un sophisme que notre illustre rhéteur pouvait seul aventurer.

« On nous assure, dit le *Siècle* du 30 mai,

« que les exécutions sommaires ont cessé ce
« matin, sauf en ce qui concerne les membres
« de la Commune, les incendiaires et les soldats
« pris dans les rangs des insurgés. » Pourquoi
cette exception en faveur des membres de la
Commune? Je suis loin de me faire leur apôtre, ayant toujours été leur adversaire ; mais comment juger l'insurrection après avoir, au préalable, passé par les armes ceux qui ont la principale responsabilité de l'insurrection? On tue Varlin, Jourde (1), Rigault, et on conserve Assi, Eudes et autres, bien connus pour leur nullité : si l'on veut que l'Europe juge l'insurrection d'après les réponses d'Assi ou de Mégy devant la cour martiale, la Commune passera pour une assemblée d'imbéciles désespérés ; le gouvernement de Versailles supprime par le chassepot les témoignages qui pourraient le mieux éclairer le procès.

---

(1) La date de ces notes, écrites, en quelque sorte, au milieu de la mêlée, explique les erreurs qui peuvent s'y trouver sur le sort de telle ou telle personne. J. A.

M. Beslay, ou le citoyen Beslay, membre de la Commune, a sauvé la Banque, où il commandait pour la Commune, de la main des incendiaires. Sera-t-il fusillé sans jugement? Son exemple montre qu'il y a communeux et communeux, comme il y a fagot et fagot. Si on fusille tout le monde impartialement avant aucun débat, si on fusille les hommes intelligents de la Commune et qu'on garde quelques échantillons soigneusement choisis parmi les crânes les plus déprimés, pour leur faire un bon procès, la répression n'est plus œuvre de justice, c'est œuvre de parti.

Avoine fils a été fusillé à Belleville. C'était un des rares théoriciens du socialisme.

La garde de Paris rentre à Paris depuis le 28. C'est une imprudence du vainqueur, qui ne garde aucun ménagement. Il était facile de constituer, sous l'uniforme des troupes de ligne et de la cavalerie de ligne, des corps d'élite qui auraient utilement remplacé l'ancienne garde. La mesure que l'on prend en ramenant cet uniforme haï eût été opportune si on pouvait tuer l'insurrection; mais on ne tue pas un semblable mouvement, on ne peut que le décapiter, malgré « le filet de sang qui coule sans discontinuer dans la Seine. »

NOTES ET PENSÉES

Pendant un moment, on a pu croire à la Commune : c'est le premier jour de son existence. On ne demandait qu'à la croire capable, honnête, intrépide, qu'à la suivre et à lui obéir. Cela a duré un jour.

Le Comité central, qui passe pour avoir fait l'insurrection et qui l'a gouvernée pendant huit jours, était si profondément incapable qu'il y eut un véritable soulagement lorsque la Commune eut été élue, le 28 mars. Le Comité, après s'être fait un peu tirer l'oreille, remit ses pouvoirs, dans une pompeuse cérémonie, à l'Assemblée nouvelle ; mais il n'entendait pas abdiquer pour cela. Il resta cantonné à l'Hôtel de Ville, où il fit des orgies à défaut de décrets. « Ils dépensent des 100,000 francs par jour! » me disait M*** avec dégoût, vers le 30 mars.

———

Les *Internationaux* n'étaient pas de mauvaises gens : autant que j'en ai pu juger, c'est ce qu'il y avait de mieux dans la Révolution. Gérardin, Malon, Avrial sont ceux que j'ai vus davantage. C'étaient de fort braves gens, dévoués à la cause publique, et auxquels il ne manquait que la volonté et une doctrine un peu sûre.

———

Je n'en dirai pas autant des Blanquistes. Je n'ai pas l'honneur de connaître Blanqui, que je considère comme un homme très-capable et très-énergique ; mais, soit par une tendance particulière de son caractère, soit par une nécessité du temps, il ne s'est entouré que d'hommes incapables, serviteurs indignes de la liberté, esprits étroits et personnels, capables d'un coup de main, incapables de courage.

———

Je ne puis m'empêcher de lui en vouloir pour avoir dressé des piédestaux à ces êtres ignobles, pour les avoir présentés à l'admiration d'une foule crédule qui n'en est peut-être pas encore détrompée.

———

Voilà où j'en veux à Blanqui. Pourquoi avoir choisi, parmi les millions d'hommes qui aspirent à un affranchissement plus complet, pourquoi avoir choisi des esprits sans étendue et des caractères sans réelle dignité ? Je ne veux pas croire que dans la population ouvrière de Paris il n'y ait pas des cœurs plus généreux et des esprits plus ouverts que ces gens-là. Puisque

Blanqui avait le don de faire naître des dévouement et de les employer, pourquoi ne s'est-il pas formé un état-major d'hommes respectables, au lieu de prendre des Bergeret, des Eudes des Mégy ?

———

Raoul Rigault et ses acolytes ont fusillé un prélat gallican, un sénateur libéral ; ils ont détruit les archives de la société civile. Qu'auraient-ils fait de plus s'ils avaient voulu servir le parti ultramontain ? Ils auraient mis le feu à une église, pour ne pas *débiner le truc*.

———

Les gens aisés ne veulent pas croire que les ouvriers aient de la peine à vivre. Mais les ouvriers ne demandent pas seulement à vivre ; ils demandent (et ils font bien) qu'il leur soit plus facile de parvenir à l'aisance et à la richesse.

———

On dit que si les ouvriers avaient moins de vices et plus d'instruction, ils arriveraient plus facilement à l'aisance. Ils peuvent renverser l'argument et dire : « S'il nous était facile d'ar-
« river à l'aisance, nous aurions, ou du moins
« nos enfants auraient moins de vices et plus
« d'instruction. »

―

L'ouvrier a de quoi se nourrir. C'est fort bien, répondrai-je, mais il faut qu'il ait aussi de quoi nourrir ses passions et ses caprices, puisque vous autres, aristocrates de l'industrie, de la finance et de la politique, vous nourrissez si grassement et si plantureusement les vôtres au grand soleil de Paris.

―

Lorsque la bourgeoisie instruite a fait la Révolution de 1789, elle ne l'a pas faite toute seule. Elle a appelé le paysan pour brûler les châteaux et l'ouvrier pour abattre les bastilles.

L'ouvrier a fait sa besogne : aujourd'hui il réclame son salaire. Complices de la Révolution, partagez-en avec eux le bénéfice.

———

L'ouvrier, qu'on l'appelle socialiste, communiste ou international, sait parfaitement ce qu'il veut, mais il ne sait comment l'obtenir.

Il veut que la propriété soit plus aisément accessible à celui qui travaille.

Il ne veut pas que tout le monde soit gueux, il veut que tout le monde soit riche. Mais plutôt que de subir une inégalité trop criante, l'ouvrier, et surtout l'ouvrier de Paris, qui voit très-bien comment va le monde, aimera mieux faire sauter la société.

———

Qu'ont fait les classes gouvernantes de la société française en faveur des pauvres? Qu'ont-elles fait pour rendre les impôts moins lourds à ceux qui gagnent moins, pour faire la part à peu près égale à tout le monde dans l'immense développement de la richesse publique ?

Les Chambres françaises ont été profondément égoïstes. Elles ont favorisé constamment leurs parents, leurs amis, leurs *égaux*. Elles n'ont jamais supporté la loi de la conscription, elles ont fait porter l'impôt indirect sur les choses nécessaires, elles ont privilégié les grosses industries dans la répartition de l'impôt direct.

Vous ne comprenez pas qu'on fasse des révolutions ? Lisez les quelques lignes qui résument les produits des divers revenus du pays, et vous verrez combien le législateur frappe le nécessaire des uns et épargne le superflu des autres.

Lorsque les abeilles trouvent un rat mort dans leur ruche, ne pouvant emporter le cadavre, elles l'embaument avec de la cire.

Les Anglais ont un système social qui *produit* beaucoup de pauvres : mais ce système a un correctif. On prend le pauvre, on l'englue dans le workhouse ou tout autre système de bienfaisance, et il cesse d'empester la société.

Les législateurs français ont été moins prudents. Leur système social produit moins de détritus humains que le système anglais, et cependant la société en est plus infectée. On voit des myriades d'hommes étiques et rabougris qui prennent un fusil quelque matin, et envoient leurs doléances chargées à balle dans les vitres et parfois dans la tête des gens heureux et bien portants.

Ce système est détestable, et cependant personne ne paraît s'en lasser. Voilà quatre-vingts ans que cela dure et l'avenir est plein de promesses du même genre.

Il est convenu que les hommes d'ordre ont le monopole des vertus civiques et même du courage. Cependant il faut reconnaître que les hommes de désordre sont nombreux et qu'on ne peut les tuer tous.

Comment faire ?

A la place des hommes d'ordre, j'y réfléchirais sérieusement. Je me rappellerais que les émeutes du règne de Louis-Philippe ont été peu de chose, que les journées de juin ont été un désastre, et que l'affaire de la Commune était une Révolution.

A la place des hommes d'ordre, ce crescendo me donnerait à penser.

Parmi les bataillons que j'avais l'honneur de commander, certains étaient affligeants à voir. Des hommes débiles, laids, petits, difformes, dont l'uniforme faisait ressortir la mauvaise mine. En passant devant ces malheureux, je me disais : Ces gens ont raison de se battre ; ils se battent pour que leurs enfants soient moins chétifs, moins scrofuleux, moins vicieux qu'ils ne sont eux-mêmes.

———

En dépit de la défaite de la Commune, le dilemme posé à la société par les communeux subsiste tout entier : « Il faut que la société s'abaisse à nous rendre la vie commode et facile, ou bien nous tuerons la société. »

———

Vous voyez bien, législateurs imbéciles, qu'il faut que vous ouvriez la société toute grande à la horde qui l'assiége. Sans cela cette horde se fera une société en dehors de vous : si les nations n'ouvrent pas leurs portes à la classe ouvrière, la classe ouvrière courra à l'Internationale.

―

Il y a dans la société une classe nombreuse, industrieuse, puissante parce qu'elle est groupée, à laquelle ne s'appliquent ni vos lois sur la propriété, ni vos lois sur l'héritage, ni vos lois sur la famille.

Changez vos lois, ou bien cette classe essayera obstinément de se créer une société à elle, où il n'y aura ni famille, ni héritage, ni propriété.

―

Je crois que je n'ai aucune prévention en faveur des communeux : eh bien, je dois dire que j'aime mieux, — malgré toutes les hontes de la Commune —, j'aime mieux avoir combattu avec ces vaincus qu'avec ces vainqueurs.

―

Ce qu'on appelle la classe conservatrice est indigne et incapable de gouverner, parce qu'elle a pour principal mobile la peur.

Tout ce qu'on voudra, excepté le danger, telle est la foi politique des « amis de l'ordre ».

Il y avait dans Paris, au 18 mars (c'est un compte dont je sais l'exactitude) soixante bataillons révolutionnaires; il y avait quatre vingt-dix bataillons entièrement conservateurs. Le reste était partagé et incapable d'avoir une action décisive.

Les quatre vingt-dix bataillons conservateurs étaient plus anciennement formés, mieux équipés, mieux armés que les révolutionnaires; ils étaient également nombreux, ils étaient mieux commandés et plus disciplinés.

Seulement ces indignes citoyens ont l'habitude de s'en remettre à l'armée et à la police, qui sont chargées de se faire tuer pour l'ordre. Mais il y a des moments où la police est sur les dents et où l'armée ne comprend pas bien de quel côté est son devoir, ou si son devoir n'est pas de rester tranquille. A ces moments-là, le pavé de Paris est au premier occupant.

Je ne me repentirai jamais d'avoir essayé de démolir cette oligarchie bâtarde de la bourgeoisie française. Mais nous avons beau être vaincus, nos coups de canon ont porté, et j'espère que la cause de la démocratie trouvera plus tard des serviteurs moins indignes et moins incapables que nous.

Nul doute que j'ai été dupe du mouvement du 8 mars; mais j'étais bien plus dupe à Metz lorsque je construisais des ouvrages qui ne devaient pas être attaqués, lorsque je remettais des portes à la ville, — des portes qu'on devait ouvrir toutes grandes : tout l'argent que j'ai employé là a été employé pour le roi de Prusse. J'étais dupe aussi à Nevers, lorsque je m'éreintais à exercer des soldats et à former des officiers pour défendre un pays qui ne voulait pas se défendre. Si j'avais su que tout cela était pour la frime et finirait par de bonnes capitulations, je serais allé passer mon temps avec quelque corps franc au lieu de faire enrager des pauvres diables de mobilisés que je finissais par transformer en soldats.

Si c'était à recommencer, il est possible que je n'irais pas servir la Commune, mais il est certain que je ne servirais pas Versailles.

—

J'ai été bien attrapé, je l'avoue franchement, quand j'ai connu le gouvernement révolutionnaire.

Je cherchais des patriotes, et je trouve des

gens qui auraient livré les forts aux Prussiens plutôt que de se soumettre à l'Assemblée ; je cherchais la liberté, et je trouve le privilége installé à tous les coins de rue ; je cherchais l'égalité, et je trouve la hiérarchie compliquée de la fédération, l'aristocratie des anciens condamnés politiques, la féodalité des ignares fonctionnaires qui détenaient toutes les forces vives de Paris.

Mais ma plus grande surprise était autre chose que tout cela. Nous avons souffert d'être régis par un gouvernement de police, et la Commune trouve moyen d'être un gouvernement de police, et Raoul Rigault, qui avait personnellement pâti de ce mode de gouvernement, s'installe à la Préfecture, et devient le véritable chef de la Commune.

J'ai connu Delescluze et Félix Pyat : je n'ai jamais assez estimé Delescluze, et je ne mépriserai jamais assez Félix Pyat.

Il est un point sur lequel je considère la Commune comme une expérience complète : c'est l'insuffisance des classes ouvrières pour le gouvernement. Il faut, *il faut* que, jusqu'à nouvel ordre, l'exercice des fonctions gouvernementales reste aux mains des classes instruites, ou plutôt il faut que le gouvernement reste aux mains de la bourgeoisie jusqu'à que le peuple soit suffisamment instruit.

Que le peuple s'instruise donc s'il veut avoir sa part légitime dans la direction des affaires et dans la répartition de la fortune. Mais, pour le moment, je dirai le mot sans le mâcher, le peuple est trop bête pour nous gouverner : il n'a pas assez d'idées sérieuses et il a trop d'idées fausses.

Je n'accuse pas, je constate. Je sais que ce n'est pas la faute du peuple, mais la faute de nos législateurs si le peuple reste dans son infériorité ; je sais que le peuple français, et celui de Paris en particulier, est intelligent et capable. Mais tout cela ne suffit pas : il faut la culture intellectuelle, sérieuse et approfondie, pour traiter d'aussi graves questions que le gouvernement des affaires publiques. Le gouvernement actuel est incapable, vicieux, de mauvaise foi, tout ce qu'on voudra, je le sais bien, puisque j'ai travaillé de tout mon cœur à le démolir; mais je dois dire que le peuple de Paris, ayant mis son gouvernement à la porte, avait l'air d'un aveugle qui a perdu son chien.

Non-seulement l'instruction de nos ouvriers est insuffisante, mais encore elle est mal dirigée. Ils étudient de bonne foi les philosophes songe-creux qui leur promettent le paradis sur terre : c'est du temps perdu. Ils veulent transformer brusquement l'organisation du travail, supprimer les patrons, supprimer les intermédiaires; mais ils ne sont pas de force à remplacer les patrons et les intermédiaires, et sont dupes les trois quarts du temps de leurs expériences d'innovations.

Incapables d'améliorer la gestion de leurs propres affaires, ils sont encore plus incapables de gérer les affaires publiques. J'ai fait tout ce que j'ai pu, pendant que je servais l'insurrection, pour trouver, dans les classes ouvrières ou les petits commerçants partisans de la révolution, des hommes capables de commander ou d'administrer ; j'ai fait, je le répète, tout ce que j'ai pu : eh bien, je déclare formellement que je n'ai trouvé d'auxiliaires capables que dans les classes instruites.

―――

Il n'y a pas à discuter si l'aristocratie vaut mieux ou moins que la démocratie comme système politique. Il suffit de constater que la France est aujourd'hui en démocratie, qu'il n'y a aucun élément aristocratique sérieux dans le pays, et qu'il faut, bon gré mal gré, utiliser le système démocratique.

―――

L'écueil de la démocratie a toujours été le despotisme. Lorsque la liberté romaine a péri, il s'est trouvé que les défenseurs de la liberté étaient les aristocrates. Les Caton, les Brutus, dont nos républicains démocrates d'aujourd'hui font leurs modèles, étaient les derniers défenseurs de la vieille constitution romaine, de la vieille constitution aristocratique, contre qui? contre la plèbe enrôlée sous les Marius et les César.

———

Il n'y a rien de moins raisonnable que l'idée d'une Assemblée constituante, telle que nous l'entendons en France. Vous imaginez-vous une assemblée de médecins, réunis au chevet d'un malade, et discutant si son tempérament sera bilieux ou sanguin, ou décrétant que dorénavant il sera nerveux ou lymphatique?

———

Il y a un point sur lequel nos gouvernements se sont tous trouvés d'accord, et où ils ont poursuivi leur œuvre avec un ensemble qu'on chercherait vainement pour tout le reste : c'est la suppression de tout groupe politique intermédiaire entre le citoyen et l'État. Les rédacteurs de la dernière loi sur les Conseils généreux sont aussi déterminés là-dessus qu'ont pu l'être Louis XIV ou la Convention.

Il est probable que la prospérité politique de la France ne peut pas s'établir sans une certaine autonomie des villes et des provinces.

———

Le tiers état demandait, en 1614, qu'il n'y eût plus que douze gouverneurs de provinces.

———

Les départements sont une circonscription administrative qui ne correspond ni avec la distribution géographique, ni avec les anciennes provinces. De plus, les circonscriptions militaires ne coïncident pas avec celles des cours d'appel, ni celles-ci avec les circonscriptions archiépiscopales.

A ce point de vue, les révolutionnaires ont été les continuateurs de Louis XI et de Louis XIV ; ils ont annulé, ils ont rendu impossible tout groupement politique en présence de l'État.

Ce système, conçu pour faire face à la guerre civile et à la guerre étrangère, a été très-efficace pour ôter aux rebelles tout point d'appui, et pour concentrer toutes les forces nationales dans les mains du gouvernement ; mais cet excès de force du gouvernement est une des causes de la misère politique du pays.

———

La France se divise aisément en douze à quinze circonscriptions naturelles ou provinces, comprenant chacune quatre à neuf départements.

... Ces provinces correspondraient, comme

étendue et comme population, aux agglomérations naturelles qui existent sur toute la surface de l'Europe, aux États d'Espagne, aux États européens de troisième ordre, Suisse, Belgique, Hollande. Elles correspondraient aux anciennes provinces françaises partout où celles-ci se sont autrefois constituées.

Il est probable que le département, qui doit servir de base à une semblable modification, disparaîtrait dans certaines provinces, ou du moins laisserait la première place à l'arrondissement ou district. Dans d'autres pays, le département resterait l'intermédiaire naturel entre la province et le canton. Le canton est peut-être un des éléments le plus fortement constitués de la géographie politique de la France. Au dessous, la commune rurale, au dessus, l'arrondissement et le département sont des circonscriptions bien précaires.

Cette transformation serait beaucoup plus

simple qu'elle n'en a l'air, le jour où le gouvernement serait entre les mains d'hommes assez résolus pour ne pas confondre l'intérêt public avec l'intérêt des fonctionnaires qui veulent continuer à fonctionner.

Le pouvoir législatif, le pouvoir judiciaire peuvent être discontinus. Le pouvoir exécutif doit être continu. Il ne doit pas avoir des sessions et des vacances : il doit être prêt à tout événement.

Les fausses idées de souveraineté publique qui règnent parmi nous, nous empêchent de voir l'immense inconvénient qu'il y a à entraver la continuité du pouvoir exécutif, soit par des révolutions mal entendues, soit par sa délégation entre les mains d'une Assemblée. Cette erreur n'appartient pas seulement au parti révolutionnaire, et l'Assemblée de Versailles me rappelle bien souvent la Commune sous ce rapport.

Ainsi, elle confie le contrôle du pouvoir exécutif à une Commission, le droit de grâce à une Commission. Superfétations ou entraves : ou le pouvoir exécutif agira seul, ou les affaires souffriront. Ferré, qui depuis deux mois peut-être attend « une solution, » peut-il être mis à mort sans cruauté au bout de ces deux mois ?

Il faut que certaines affaires reçoivent une solution immédiate, bonne ou mauvaise; sans cela il s'établit une situation provisoire dont la rupture ultérieure, fût-ce par une bonne solution, est mauvaise parce qu'elle produit un choc dans l'organisme social. J'ai pris l'exemple d'un condamné à mort parce qu'il a pour moi en ce moment un intérêt tout spécial. La loi, l'usage, l'humanité exigent qu'un arrêt de mort s'exécute sans différer : exécutez-le après un délai de deux mois, vous violez la loi, vous offensez l'humanité ; ne l'exécutez pas par ce seul motif qu'il y a eu un délai de deux mois, vous énervez, vous ruinez la loi, très-discutable d'ailleurs, qui institue la peine capitale.

Rien ne dénonce une société débile autant que cette nonchalance systématique et que ce partage des responsabilités. Un individu qui n'a qu'un dixième, ou un centième, ou un millième (comme dans une Assemblée de plus de cinq cents membres) d'influence dans la solution d'un débat, déterminera son opinion par des raisons dix fois, cent fois, mille fois moins déterminantes que s'il avait toute la responsabilité.

..... La maladie des démocraties, c'est de partager les responsabilités. On ne fait ainsi que de petites choses. Notez, d'ailleurs, que cette maladie n'est pas *inhérente* au système démocratique, c'est seulement une de ses tendances. Notez aussi que cette tendance est excessivement favorable aux petits despotismes et aux grosses dilapidations.

Que diraient les gens bien pensants de France s'ils savaient que l'affaire de la Commune n'a été, j'en suis convaincu, qu'une affaire d'avant-garde ?

J'en parle savamment, et j'ai entrevu, derrière les énergumènes et les écervelés de la Commune, de redoutables théoriciens, des hommes d'action résolus et vigoureux, qui regardaient le combat sans y prendre part, soit parce que la lutte était trop mal engagée, soit que la poire, à leur goût, ne fût pas assez mûre.

Puisse la société faire aux classes inférieures les concessions nécessaires, sans être réduite à engager la lutte !

Le gouvernement espagnol poursuit l'*Internationale :* le gouvernement espagnol est bien malade. Quand on commence à voir des fantômes et à les craindre, c'est que la tête n'y est plus.

La Commune a tout brûlé : l'idée eût été raisonnable si elle l'eût fait au 18 mars, montrant ainsi un propos délibéré d'effacer et de détruire le passé. Comme début, c'était un coup de maitre, en se plaçant au point de vue des novateurs les plus effrénés ; comme acte de désespoir, c'était une coquinerie.

———

En voyant les succès des marins, et particulièrement des officiers généraux de la marine, une fois qu'ils ont été mis à terre, on se demande pourquoi Trochu, Vinoy et autres de nos généraux de terre ne sont pas allés servir sur la flotte ? Notre marine aurait peut-être alors fait quelque chose de bon, et certainement la défense de notre territoire n'en aurait pas souffert.

———

Il faut que Rossel ait les convictions bien tenaces, ait l'imagination bien égarée pour s'être figuré que la Commune ferait la guerre aux Prussiens. Telle est l'opinion de ceux qui prévoient après coup, et ils ont parfaitement raison, puisque la Commune n'a pas fait la guerre aux Prussiens. Mais si l'on veut se reporter à la date du 18 mars, le jugement peut être différent. Le 18 mars, je n'avais plus de patrie ; la France s'était effondrée : plus de courage, plus de patriotisme, plus d'honneur. Le 19 mars, j'apprends qu'une ville a pris les armes, et je me raccroche désespérément à ce lambeau de patrie. Je ne savais pas qui étaient les insurgés, mais je savais contre qui ils étaient insurgés et cela me suffisait (1).

Que la Commune (il n'y avait pas de Commune le 18 mars, il n'y avait qu'une révolution), que la Commune n'ait pas déclaré la guerre aux Prussiens, on ne peut pas s'en étonner.

---

(1) « Je me range sans hésitation du côté de celui qui n'a pas signé la paix et qui ne compte pas dans ses rangs des généraux coupables de capitulation, » écrivait Rossel, le 19 mars, au général Le Flô. — J. A.

Mais il est certain que le jour où la révolution aurait eu des chances de succès, la Prusse lui aurait déclaré la guerre.

Relisez le manifeste de Brunswick en 1792. Il aurait pu être placé presque en entier, au 1er mai, dans la bouche de M. Thiers : je n'ai jamais parlé de cette analogie ; mais j'y ai pensé souvent.

9 octobre 71.

Sur une vignette de Gustave Doré. — Don Quichotte est assis à la table d'une hôtellerie ; il a posé un instant ses armes, mais il n'a pas quitté avec elles ses pensées et sa mission. Grave, la tête droite, dominant son auditoire, il a entrepris un de ces discours où éclatent sa science, sa logique et surtout sa bonté. Son front est creusé d'une ride profonde : longtemps, avant de commencer son voyage, longtemps, avant de fourbir son armure, il a souffert de toutes les injustices, de toutes les douleurs

auxquelles il a assisté dans le monde de ses
livres ; longtemps il a songé à toutes ces douleurs, à toutes ces injustices : c'est ce qui a ridé
son front. Maintenant, sa tâche est entreprise,
son épopée est commencée, et ce soir—la journée s'étant, d'aventure, terminée par un souper — il raconte aux hôtes de hasard réunis autour de la table, ses pensées, sa morale, et les
exemples étonnants qu'il a rencontrés dans
ses livres. Chacun écoute et personne ne rit ;
quelques-uns sont vraiment attentifs et cherchent à retenir ou à comprendre ; d'autres sont
pensifs et retrouvent en eux quelque corde qui
vibre aux récits de ce monde de folie et de
bonté. Deux donzelles ont l'air un peu effarouché : elles n'ont pas coutume d'entendre une langue aussi grave, et le sens
précis qu'elles ont de la réalité les avertit
que tous ces discours sont chimères. Un valet emporte les plats, à peine s'il tourne la
tête. L'aubergiste, lui, s'est arrêté pour examiner ce phénomène; debout dans son vigou-

reux embonpoint, le poing sur la hanche, il regarde d'un œil inquisiteur et un peu méfiant l'excellent chevalier. Peut-être songe-t-il qu'un homme qui a tant d'idées doit avoir peu de doublons ; peut-être cherche-t-il quel intérêt peut guider cet hôte si différent de tout ce qu'il a vu dans son auberge.

Quel est le fou ? quel est le sage ? L'hôte a la face bestiale, le ventre énorme, les bajoues pendantes ; le chevalier a la tête fière, le regard profond et un peu attristé.

L'un se soucie de son bien et arrondit sa panse ; l'autre se soucie des misères du monde, et cherche des torts à redresser. L'un sert son intérêt, qu'il connaît ; l'autre sert l'intérêt d'autrui, qu'il ne connaît pas. Quel est le fou ? quel est le sage ? N'importe ! lève-toi, Don Quichotte ! ces gens ne te comprennent pas ; viens, endosse ton armure, allons combattre les moulins à vent !

La Convention a résisté aux trois quarts de la France insurgée, en même temps qu'elle soutenait la guerre étrangère. Il était bien plus aisé de résister à un seul ennemi, qui n'avait conquis encore que le tiers de la France.

(**9 octobre 1871**.)

« Croyez-vous les Athéniens si lâches que de se rendre parce qu'ils auront vu ravager leur pays ? » disait Archidamus aux Lacédémoniens. (Thucydide, liv. I.)

1er septembre. L'homme est un phénomène conscient ?

L'homme d'État, dit Henri Martin à propos du procès de Fouquet, l'homme d'État dévoué à une grande idée et fort de la pureté de ses intentions, est souvent entraîné à trop de relâchement sur le choix des moyens.

« Être aussi résolu dans ses actions, une fois son parti pris, dans les occasions urgentes, que si l'opinion en vertu de laquelle on agit était certaine. » (Descartes) (1).

---

(1) Ces deux derniers textes, empruntés à autrui, sont bien intéressants à retrouver parmi ces textes originaux. Pour quiconque sait rapprocher et méditer, ils commentent éloquemment le caractère et la conduite de ce noble aventurier du patriotisme, à qui la fortune et la vie ont seules manqué pour être un grand homme d'État. — J. A.

TIMOTHÉE

(FOLIE)

(1)

En ce temps là, on s'occupait activement, et même avec une véritable frénésie, de l'élection d'un président de la République, qui devait avoir lieu dans quinze jours. Les principaux candidats étaient : M. Guizot, pour le parti libéral-conservateur, et M. Thiers pour le jeune parti libéral ; de plus, deux princes de chaque

---

(1) Ceci est une fine et charmante satire de nos institutions et de nos mœurs politiques, de l'ignorance du suffrage universel et des facilités que cette ignorance offre aux ambitieux et aux intrigants, de l'impudence des journalistes et des politiqueurs, de l'irrésistible séduction qu'exerce sur notre tempérament français la tradition monarchique. Les allusions à l'actualité n'y manquent pas, spirituelles sans être amères. Mais ce qui imprime à cette jolie bluette un caractère dramatique singulier et peut-être sans analogue, ce sont les circonstances dans lesquelles elle a été écrite. *Timothée* est daté du 20 septembre: il y avait douze jours, à cette date, que Rossel était condamné à mort. J. A.

maison royale ou impériale en disponibilité, se présentant l'un au nom du droit héréditaire, l'autre au nom du principe monarchique : tous d'ailleurs se distinguant par les proclamations, protestations et déclarations les plus franchement républicaines ; même, les branches aînées étaient un peu socialistes ; enfin, on comptait parmi les candidats cent vingt-huit généraux, deux cent trente-trois avocats, dont un orateur, plusieurs pharmaciens brevetés et un très-grand nombre de citoyens de toutes couleurs et de toute profession.

Le pays tout entier avait la fièvre ; il avait aussi la soif de la fièvre : les marchands de vin à Paris, les cabaretiers dans les moindres bourgades, faisaient des affaires d'or. Paris surtout, Paris, la tête et le cœur de la France, se distinguait par la vivacité de ses préoccupations politiques. Ce n'était pas seulement sur le comptoir que se discutait la question présidentielle ; dans les cercles les plus aristocratiques, l'élection avait remplacé la bouillotte ; on pontait sur les candidats comme sur des chevaux de course. Un Betting-Book spécial était ouvert ; les chances montaient, descendaient capricieusement ; on vendait du Thiers et on prenait du Gagne ; on opérait à terme et au comptant : c'étaient le tripot, le Derby et la Bourse amalgamés en un seul jeu d'autant plus attrayant qu'il était plus fantastique, car on avait fait en sorte de ne pas attendre l'événement pour courir les risques, et chaque soir les fortunes se faisaient et se défaisaient suivant les variations de l'opinion. La classe moyenne s'en tirait à moins de frais ; on politiquait au café ou à la brasserie ; des trains entiers de bière, venant d'Angleterre, de Lille, de Strasbourg, de Munich, arrivaient chaque jour dans l'immense capitale, impuissants à rassasier la soif insatiable de ses nombreux orateurs. A minuit, lorsque patrons et garçons, épuisés par la fatigue de la journée, avaient poussé jusque sur le seuil les hordes discutantes, et avaient réussi à clore portes et volets, on ratiocinait sur les trottoirs à la clarté des étoiles, et l'aube renaissante trouvait, étendus sur les bancs des boulevards, des orateurs inconscients et des discuteurs solitaires, dont le sommeil, agité de rêves généreux, argumentait encore pour le candidat favori.

C'était un moment plein de charme et de délire ; tout le monde comprenait la République, tout le monde aimait la liberté, et pas un citoyen en France (sauf les princes en disponibilité) n'aurait donné sa part de république pour un empire.

L'un des principaux organes de la vie publique du pays, le principal, peut-être, car il pénétrait dans les palais et les chaumières, à la Chambre et à l'hôpital, l'un des journaux les plus lus et les plus goûtés, le célèbre *Petit Journal,* avait alors pour principal rédacteur, pour grand premier rôle en tous genres, un écrivain d'un talent fécond et facile, l'illustre

Timothée Primm, qu'il ne faut confondre ni avec Trimm, ni avec Grimm, ni avec le célèbre général Prim. Chacun savait que le *Petit Journal* pouvait avoir une influence sérieuse; on l'avait tâté, on l'avait sondé, mais on l'avait trouvé impénétrable. Indifférent en apparence à la grande partie qui allait se jouer, le *Petit Journal* cheminait glorieusement dans l'ornière accoutumée, donnant la becquée journanalière à ses cent mille lecteurs, parlant du beau temps, de la pluie, des roses et des distributions de prix, faisant du sentiment, de la science, de la morale, de l'érudition, de l'éloquence, de la plaisanterie, le tout bien conditionné, facile à prendre, même en voyage, commode et ne coûtant pas cher. Et tandis que chacun en France était agité, haletant, accablé par les grandes préoccupations du choix d'un maître, Timothée, libre, léger, tranquille, semait les fleurs de son aimable rhétorique dans les six colonnes de chaque jour. Foin de la politique! semblait-il dire aux indiscrets qui voulaient le gagner ou le convaincre ; mais les candidats se méfiaient, et les gens qui se piquent de perspicacité et savent expliquer ce qu'ils ne peuvent pas comprendre, disaient tout haut que Timothée avait son plan.

Quinze jours avant l'élection le *leader* du *Petit Journal* avait pour titre :

LES ÉLECTIONS PRÉSIDENTIELLES DANS L'ANTIQUITÉ.

Dans l'antiquité ! Pourquoi pas? On a bien fait un volume sur les journaux dans l'antiquité. A la vérité, il n'y avait pas de présidents dans les républiques antiques; mais entre les mains d'un écrivain industrieux, les éléments les plus ingrats se transforment d'eux-mêmes....

« Comme l'argile dans les mains du potier. »

Timothée partait, comme de juste, du déluge;

Les patriarches étaient des présidents,

Présidents de républiques toutes patriarcales ;

Ils allaient de pâturage en pâturage, chassant devant eux leurs troupeaux, sacrifiant au Dieu créateur et faisant la guerre aux tribus ennemies.

Seulement, ils n'étaient pas électifs,...

Car ils étaient héréditaires.

Timothée jetait ensuite un vague coup d'œil sur le bain de pieds d'Amasis, où il voyait un vestige incontestable de l'intervention populaire dans le choix des organes de la souveraineté publique. Après quoi il mettait en tas les archontes, les éphores....

Devant qui les rois se levaient,

Les suffètes, les vergobreiths et autres magistrats de pacotille.

Puis il abordait les consuls : c'était son plat de résistance. Bouillet n'est pas plus érudit ; il y avait même des traits que Bayle n'eût pas désavoués, et pour cause. Cependant, pour ne rien omettre, il ne faillit pas à parler du célèbre Don Sylvius,

Qui fut, de son vivant, trois fois consul de Rome,

Il plaisantait légèrement sur l'origine du nom de candidat, et sur la naïve simplicité des vieux Romains, qui, sans autre finesse, se signalaient à l'attention publique en mettant du blanc sur leurs habits.

Ce n'est pas chez les Athéniens qu'aurait réussi une semblable malice ; on y employait des moyens moins barbares pour poser sa candidature :

On coupait, par exemple, la queue de son chien.

Ces Athéniens, d'ailleurs, ne faisaient rien comme tout le monde.

Ils avaient une coutume qu'on appelait l'ostracisme, parce que le bulletin de vote était une écaille d'huitre sur laquelle on écrivait le nom du candidat.

Singulier peuple ! ! !

Puis on recensait les bulletins de vote, je veux dire les écailles d'huîtres. On prenait sans doute des écaillères pour scrutateurs.

Il est vrai que les écaillères d'Athènes en savaient plus long que les hommes d'État des autres pays !

Témoin cette dame de la halle qui reprit Théophraste sur son parler.

On recensait donc les bulletins de vote, et celui qui avait la majorité...

On l'exilait !!!...

Singulier peuple !!!

On était candidat à la déportation, comme aujourd'hui on est candidat à la Présidence.

Et c'était aussi honorable.

Peuple singulier !!!

Peut-être aussi cet usage avait-il un sens plus profond, car rien n'est superficiel dans les coutumes d'un grand peuple.

Les Athéniens voulaient peut-être, par ce symbole, rappeler à leurs hommes d'État la fable de l'*Huître et les Plaideurs :* ils leur disaient :

« Le pouvoir est une huître dont nous mangeons la chair,

« Et nous vous donnons les écailles. »

Il n'en est pas ainsi de nos jours :

Trop souvent les hommes d'État mangent l'huitre et donnent les écailles au peuple.

———

Le *Petit Journal* était donc entré dans l'arène : son article était un peu radical à la vérité, mais il ne préjugeait rien et n'excluait personne. Chacun espéra que la feuille populaire adopterait sa candidature ; j'ai ouï dire qu'on offrit à Primm, de différentes parts, trois cents préfectures, vingt-deux ministères et huit ambassades à Saint-Pétersbourg. Timothée, déjà diplomate, écouta tout, ne refusa rien et ne rebuta personne, mais s'excusa sur l'impérieuse nécessité d'écrire son article du jour, qui avait nécessairement pour titre :

LES ÉLECTIONS PRÉSIDENTIELLES AU MOYEN AGE.

Les deux moitiés de Dieu, le Pape et l'Empereur, faisaient les frais de ce second article. Timothée ne s'égarait pas toutefois dans des considérations philosophiques qui auraient séduit certains esprits : il laissait dans un demi-jour cette effrayante perspective de l'Élection jouant le rôle suprême dans les origines de la société moderne. Indulgent, aimable même pour le Conclave, il environnait de pourpre et d'or les élections impériales ; puis il partait de son pied léger pour faire un tour en Écosse, où il allait s'asseoir sur la fameuse pierre où se fait l'élection des rois. Revenu en France, et c'est ici que son élucubration prenait un caractère de haute actualité, il représentait Robert le Fort comme un chef élu, et trouvait une véritable élection dans les acclamations symboliques du sacre des rois de France.

Pauvre Timothée, qui, entre trois étoiles et un interligne, résolvait bravement la question du droit divin ! Que d'ennemis il se faisait dans un paragraphe, que de remords il se préparait !

A cet attentat à cent mille exemplaires, un orage de menaces répondit. Timothée n'en tint compte : il avait son plan, sans aucun doute, et ce plan, — chose rare ! — il le mettait à exécution. Ce soir-là, au cercle des Abrutis, un original paria pour Timothée contre tous les candidats à la présidence. On le crut fou, et on accepta ses paris.

LES ÉLECTIONS PRÉSIDENTIELLES, DANS LES TEMPS MODERNES

fournirent, le jour suivant, la pâture aux myriades de lecteurs du *Petit Journal*. C'était une page de Tocqueville, mise en menus morceaux et agrémentée d'aimables saillies, qui empruntaient leur principal mérite à l'actualité.

Mais en vérité ce serait une besogne ingrate que d'analyser fidèlement les quinze articles qui remplirent les quinze derniers jours avant l'élection.

Parvenu ainsi au douzième jour, notre héros

exécutait une franche volte-face. « Une chaumière et son cœur, » tel était son thème. Adieu à la politique, disait-il, adieu pour toujours. Elle divise les esprits, elle dessèche les cœurs, elle tarit la source des tendres sympathies.... et moi, je vis de sympathie. Ce que je cherche, lorsque je me condamne à l'accablante servitude de la publicité, ce qui me séduit, ce qui m'entraîne, c'est de m'ouvrir à des cœurs qui répondent à mon cœur, à des âmes sœurs de la mienne. Homme des champs et de la nature, un brin d'herbe, une goutte d'eau suffit à mon bonheur. Et ce brin d'herbe, et cette goutte d'eau, cette admiration naïve si l'on veut, mais honnête, je n'aspire qu'à les partager avec cent mille cœurs comme le mien. Hélas! que les intentions les plus pures nous garantissent mal de la haine et de l'envie! Entraîné par le sentiment public à entretenir mes lecteurs de ce qui passionne tout le monde, je me suis laissé aller à effleurer — à effleurer de loin — une question politique. J'ai parlé honnêtement, timidement, j'ai dit ce que me dictait mon cœur... et ce cœur, ils l'ont flétri ! ! — Mille lettres anonymes, mille visites menaçantes sont le prix que j'ai reçu de quelques paroles trop sincères. J'ai dit que la royauté était autrefois élective ? Si je l'ai dit, je le croyais. Ça vous déplaît ? n'en parlons plus. Ah ! que ne puis-je, et je le pourrai bientôt peut-être, que ne puis-je, loin d'un monde trompeur, dans une petite maison aux contrevents verts, à demi cachée dans le feuillage humide des perles de la rosée, me dérober à tous les regards, excepté à un seul, fermer mon cœur à tous les cœurs, excepté à un seul cœur;

Mais un cœur qui me comprenne !...

───────

Timothée roucoula ainsi plusieurs variations dans lesquelles il démontrait que jamais il n'avait été homme politique ; que jamais il ne s'était occupé des affaires de son pays; que, par suite, il n'avait que de bonnes intentions, mais que ses intentions étaient méconnues.

On l'estima et en le plaignit.

Il atteignit ainsi le huitième jour avant l'élection. « La fièvre était à son apogée, » pour emprunter l'expression politique d'un homme de ce temps. Timothée cessa brusquement de parler de chaumière, et intitula son article :

POLITIQUE ET GOUVERNEMENT

Il y démontrait qu'un gouvernement ne doit jamais s'occuper de politique. Que c'est la politique qui a perdu tous les gouvernements. Et que si le gouvernement, au lieu de s'occuper de politique, s'occupait des affaires du pays, il n'y aurait jamais de révolutions et tout le monde serait plus riche. A quoi cela sert-il, la politique, surtout dans un gouvernement? Cela ne sert qu'à mécontenter tout le monde. Les honnêtes gens s'en méfient et tous les gens sans aveu se mettent à faire des discours. Est-ce qu'il ne vaudrait pas mieux s'occuper d'avoir de bonnes relations avec les pays voisins, et faire de bons traités de commerce qui permettent à chacun de vendre cher et d'acheter à bon marché, et employer tout son temps à bien administrer le pays, de manière que les bénéfices de tout le monde augmentent et que les dépenses diminuent? Est-ce qu'il n'y a pas là, pour un gouvernement honnête et qui cherche le bien du peuple, de quoi employer son temps sans s'occuper de politique?

Qu'on diminue les impôts en attendant qu'on puisse les supprimer. Qu'on fasse des chemins de fer partout, et de bons chemins bien empierrés là où il n'y aura pas de chemins de fer. Et des télégraphes, et des bureaux de poste, et des bureaux de tabac, et des théâtres, et des hôpitaux, et des boulevards, et des fontaines, et des abreuvoirs, et tout ce dont tout le monde a besoin !

Et alors on aura du temps à perdre et on pourra s'occuper de politique.

Mais, en attendant, ce qu'il faut pour nous gouverner, ce ne sont pas des hommes politiques. Ils ne sont bons qu'à embrouiller nos affaires. Il faut un gouvernement de braves gens qui aiment le peuple, qui le connaissent et qui sachent ce dont il a besoin.

Et il n'y a pas besoin d'avocasseries et de politique pour cela.

———

Le lendemain Timothée reçut plusieurs lettres désintéressées et de bonne foi qui lui demandaient pourquoi il ne se présenterait pas lui-même à la Présidence ? Il ne publia pas ces lettres ; il ne répondit pas à leurs insinuations ; mais il fit entendre, avec une nuance de tristesse, que pour occuper le pouvoir il fallait vivre par la tête, et que lui vivait par le cœur.

Le sixième jour il célébrait l'éloge du bon roi Henri IV, le roi de la poule au pot,

Le seul roi dont le peuple ait gardé la mémoire.

Le cinquième jour il écrivait en tête de son journal :

SI J'ÉTAIS PRÉSIDENT DE LA RÉPUBLIQUE !

Ah ! si Timothée était président ! quels jours de soie et d'or le peuple ne coulerait-il pas ? Le repos, la tranquillité, la bonne nourriture, tel serait l'apanage des classes nécessiteuses. Quant aux classes aisées, chacun aurait un piano, un cabriolet et une loge aux Italiens.

La royauté promettait la poule au pot une fois par semaine.

Elle la promettait, et ne la donnait pas, car le bon roi Henri était gascon comme quatre.

La République est plus généreuse,

Car la République est le gouvernement de tous, comme la royauté est le gouvernement d'un seul.

Si j'étais président de la République, le peuple aurait la poule au pot tous les jours.

Tous les jours! seulement, le vendredi la poule au pot serait une carpe.

Il faut respecter la religion.

Et pourquoi serait-elle au pot, cette poule?

Ah! je reconnais là encore la mesquinerie du bon roi : on ne met au pot que les vieilles volailles, qui ont pondu pendant de longues années et trainent une vieillesse osseuse sur leur perchoir abandonné.

Voilà comme les rois traitaient le peuple !

Un mauvais bouillon de poule, une fois par semaine : et encore, le meilleur des rois n'y réussissait pas !

Tel n'est pas le traitement que doit à un peuple républicain un gouvernement digne de lui !

Si j'étais président de la République...

Et je voudrais que l'imprimeur pût graver ces paroles en lettres d'or,

Si j'étais président de la République, le peuple aurait deux plats de viande au choix, un légume et un dessert, vin à discrétion ;

Comme au restaurant.

Et je ne m'occuperais pas de politique.

Mais je ne serai jamais président ! ! !

Le jour suivant Timothée disait à ses lecteurs :

« Pourquoi pas ? »

Puis le lendemain :

« Vous le voulez ! »]

Le troisième jour avant les élections son article était intitulé :

« Il le faut ! ! ! »

Jamais maison de vêtements confectionnés pour hommes et jeunes gens n'avait employé une propagande plus coercitive. Les trois derniers articles étaient dithyrambiques : je n'ose dire que c'étaient des vers, mais c'étaient des lignes rimées et partagées en couplets, pour être chantées sur l'air de « *Jenny l'ouvrière* » et sur l'air de « *T'en souviens-tu ? disait un capitaine.* » De semblables productions ne peuvent pas se transcrire ; il faut se borner à raconter.

Pendant les trois derniers jours, la légion des porteurs du *Petit Journal*, gendarmerie indépendante, distribua aux abonnés, avec chaque feuille, une feuille de bulletins au nom de Timothée Primm. Ils y joignirent des cahiers d'images, sorties des presses d'Épinal et habilement coloriées, reproduisant l'*Histoire de France* en 24 gravures, avec ce titre : « Histoire de France de Timothée Primm. » La première image était : « Le sacre de Clovis à Reims. » On voyait ensuite le vase de Soissons, Roland à Roncevaux, Jean Bart, Napoléon et beaucoup d'autres choses. Le dernier feuillet était intitulé : « Le président de la République. » C'était un personnage assis, couronné de lauriers et environné d'une atmosphère de lumière électrique ; il tenait une plume à la main et écrivait : « *Le Petit Journal.* » Mais ce qu'il y avait de hautement pratique dans cette invention, c'est que, entre chaque image et la suivante, il y avait dans le cahier un bulletin de vote, libre, avec cette inscription : « Élection du 30 août. — Président de la République. — Timothée Primm. »

Et la couverture portait, au-dessous du titre, cette indication, afin que nul n'en ignorât : « C'est le premier devoir d'un citoyen de porter « librement son vote dans l'urne électorale, afin « d'exercer son droit et de concourir, suivant « ses lumières, au gouvernement de son pays.

« Pour exercer son droit de vote, il faut choi- « sir librement dans ce cahier un des bulletins « qui y sont insérés, le plier en quatre, l'écri- « ture en dedans, de manière qu'on ne voie pas « ce qu'il y a dessus, et le déposer dans l'urne « électorale, en se conformant à la loi.

« Fait à Paris, le 30 août 18... »

Faut-il le dire ? Timothée Primm fut élu avec une forte majorité. Loin d'être mal vue par les villes, cette élection fut accueillie dans les grands centres populeux et intelligents par une véritable explosion de bonne humeur.

On trouva dans les boîtes du scrutin un certain nombre de bulletins qui embarrassèrent fort les scrutateurs. On compta dans toute la France cinquante-trois mille trois cent dix « Sacre de Clovis à Reims, » dix-neuf cent trente-trois « Jean Bart » et quatorze mille sept cent dix-neuf « le Président de la République. » Tout cela en images d'Épinal. Quelques journalistes subversifs ne manquèrent pas de gloser à ce propos sur les intelligentes populations des campagnes ; mais des esprits plus sages prétendirent que les cinquante-trois mille « Sacre de Clovis à Reims » étaient une protestation spirituelle d'hommes fermement attachés à d'immuables principes, et qui avaient trouvé ingénieux de répondre à l'élection présidentielle en glissant dans l'urne l'image de la cérémonie la plus auguste de la monarchie héréditaire.

Lorsque le résultat du vote fut proclamé à Paris, une foule joyeuse, chez laquelle la gaieté prenait les proportions de l'enthousiasme, se précipita aux bureaux du *Petit Journal* pour porter en triomphe le nouveau président. Il s'y prêta avec la bonhomie des vrais grands hommes. Il était dans son bureau à recevoir les félicitations de quelques amis ; il demanda seulement un instant, prit dans son tiroir une douzaine de feuilles manuscrites et les glissa dans sa poche. Le caissier du journal, un bossu plein de malice, se pencha vers lui en lui tendant son chapeau. « Eh bien, dit-il à l'oreille du triomphateur, la farce est jouée ! » — « Pas du tout ! » dit Timothée d'un ton de président ; puis baissant la voix : « Quelle farce ? » Et il cligna de l'œil au petit bossu comme s'il eût été encore un modeste journaliste.

Timothée, en prenant le timon du char de l'État, ne renia pas son origine. Il continua à enrichir le *Petit Journal* de sa prose, tout en vaquant aux affaires du pays : « Laisse-moi
« faire, avait-il dit à Timothée Frime, jeune

« athlète qui aspirait à le remplacer, laisse-moi
« faire, je n'en ai que pour quinze jours ; c'est
« pour écouler quinze articles que j'avais faits
« d'avance. »

Le premier de ces articles était intitulé :

« SI J'ÉTAIS ROI ! »

On a mis cela en musique. Le talent flexible du nouveau président se montrait plus élastique que jamais dans les modulations habiles dont il enrichissait un thème déjà usé. « C'est une malice du rédacteur en chef, » dit-il au garde des sceaux qui le complimentait, « il abuse de ma vieille copie. » Timothée se donnait tout entier, en effet, aux affaires publiques. Inaccessible à toute distraction, grave comme un ambassadeur qu'on étrille, il tenait les rênes du vaisseau de l'État avec la *maestria* la plus imposante. Chaque soir seulement, il tirait de sa poche un feuillet soigneusement numéroté, et l'envoyait au *Petit Journal,* qui imprimait en gros caractères la prose présidentielle, et chacun de ces articles, intitulé :

« SI J'ÉTAIS ROI ! »

développait avec exubérance tout ce que la fable et l'histoire ont d'arguments en faveur de la royauté.

Ajoutons, pour être justes, que le président, n'était nullement complice du journaliste, et semblait même un peu honteux de partager la même individualité. Dans ses discours, dans ses messages, dans ses réponses familières, la République était son refrain. Mais quoi ! il n'avait qu'une voix, et le *Petit Journal* en avait cent mille, mille fois plus que la Renommée antique.

On ne se doute pas de la puissance de la répétition ; les personnes un peu nerveuses et familières avec les effets de l'orgue de Barbarie peuvent seules se faire une vague idée de l'excitation que produisait dans les masses nationales, déjà énervées par les agitations de l'élection, la répétition journalière, à grand orchestre, du grand motif : « *Si j'étais roi !* » La curiosité gouailleuse des villes, la stupéfaction des campagnes, l'étonnement indigné mais contenu de la presse, étaient devenus au bout de huit jours, non pas de l'enthousiasme, non pas de la colère, mais cet épuisement nerveux qui produit le spasme ou la rage chez les individus. « Il faut en finir ! » telle était l'impression universelle : les affaires s'arrêtaient, l'armée s'inquiétait, le pays souffrait.

Le matin du neuvième jour, une députation de généraux rencontra une députation de la Cour de cassation dans les antichambres du président. Elles venaient le supplier de prendre la couronne, et faillirent se gourmer sur une question de préséance, tant le fluide nerveux accumulé dans les masses avait de tendance à se dégager violemment. Dans le même moment, chacune des deux Chambres législatives, spontanément, sans prendre aucun conseil, rédigeait en comité secret une adresse par laquelle elle demandait au président qu'il daignât devenir roi. « Je ferai ce que le pays voudra, » répondit Timothée à tout le monde, et il publia son neuvième article.

Le dixième jour, une loi élaborée, rédigée et votée d'urgence, convoquait le peuple dans ses comices pour le treizième jour. Timothée, après avoir envoyé sa prose au journal et commandé les bulletins, écrivit quelques mots au chef de la maison Christofle, orfévrerie et plaqué, et dormit du sommeil du juste.

Le quatorzième jour, le résultat du scrutin fut proclamé. Il était universellement favorable : deux cent et quelques mille infirmes avaient seuls eu la bassesse de se prononcer contre la volonté nationale. Le même jour, la maison Christofle expédia au nouveau roi toute la collection des ornements royaux qu'il avait eu soin de commander à l'avance : ce n'est pas que cette maison célèbre eût eu le temps d'exécuter dans les trois jours tant de joyaux ; mais elle avait justement dans ses ateliers, prêts à être expédiés, des ornements royaux du goût le plus exquis, revêtus d'une dorure galvanoplastique très-suffisante pour la durée habituelle d'un souverain français. On allait les emballer pour la Cafrerie : l'Angleterre les avait commandés pour un roi de ce pays ; mais, ma foi ! le nègre dut attendre, et il n'y eut qu'à capitonner un peu la couronne pour la mettre à la mesure du roi français.

On dit que lorsque Timothée, rentrant le soir dans ses appartements en sortant du Conseil des ministres, aperçut les ornements qu'on avait déballés et étalés, lorsqu'il vit étinceler sous le lustre la joyeuse vaisselle, dont l'éclat avait encore la fleur de l'or vierge et intact au sortir de l'écrin de soie, ce grand prince donna la seule marque d'extravagance qui puisse ternir légèrement l'éclat de sa vie publique. Son valet de chambre, qui seul assistait à cette scène, a raconté (et on l'a depuis imprimé en Hollande) que le roi, laissant glisser son portefeuille, partit d'un grand éclat de rire ; il assura gaillardement sur sa tête la couronne fermée, empoigna la main de justice, et dessina le pas chorégraphique le plus franchement parisien, tout en jonglant de la main de justice comme un tambour-major de sa canne, et chantant l'antique refrain :

> Les mouche' étaient sur le plancher
> Qui se crevaient de rire,
> Qui se crevaient de rire, lon la (*bis*),
> Qui se crevaient de rire.

On demandera la morale de cette histoire. Cette histoire n'a pas de morale, car ce n'est pas une fable. On en demandera la fin. Ce fut la fin de toutes les entreprises de ce genre.

Si vous allez à Bruxelles, au café d'Allemagne, en entrant par le passage, vous verrez

en face de vous, incrusté sur la banquette,
regardant la vitre d'un œil incertain, un vieux
homme, qui fume une vieille pipe.

Cet homme, dont la physionomie ne manque
pas d'une certaine majesté, est usé par la
fatigue plus que par l'âge. Il passe ses journées entières dans le silence; seulement,
chaque jour, à une heure réglée, il demande
du papier et une plume, et écrit avec précipitation, avec fièvre, une douzaine de pages;
puis il relit son œuvre avec complaisance,
corrige les lapsus de sa plume, polit son style,
et, redevenu sombre, découpe ces pages en
longues allumettes dont il allume sa pipe jusqu'au lendemain. Il hait les journaux : dé-
ployez un journal auprès de lui, il se renfon-
cera dans son coin avec inquiétude; posez-le
sur la table, il s'en ira, si le garçon n'a pas
rapidement enlevé l'objet de son souci. On dit
qu'il est « puissamment riche. » Causez avec
lui, il répondra avec discrétion et finesse;

parlez-lui de lui-même, de son passé, il deviendra taciturne et répondra en se levant pour partir : « J'ai tué la poule aux œufs d'or!!! »

Le garçon de café prétend que c'est un banquier français qui a fait de mauvaises affaires : le résident de France à Bruxelles sait seul que c'est l'ex-roi Timothée Ier, chef de la septième ou huitième dynastie. Ce vieillard serait heureux dans son intérieur, s'il savait oublier; il s'est marié en Belgique avec une Flamande, excellente ménagère, qui fait bien la pâtisserie et qui l'a rendu père de douze prétendants.

Versailles, 20 septembre 1871.

DERNIERS JOURS

AUX AMIS DE ROSSEL

Vous tous qui l'avez aimé comme moi et qui, hier encore, tentiez comme moi de le sauver, sachez bien — c'est lui-même qui vous le dira tout à l'heure — que sa mort aura été plus utile que sa vie.

Hier, nous nous comptions par centaines, par milliers peut-être ; aujourd'hui nous sommes déjà des millions. Ceux qui hier demandaient sa mort, oublient aujourd'hui que ce sont eux qui l'ont tué, pour admirer comment il a su mourir. Son cadavre est refroidi à peine, que déjà la légende s'empare de lui ; son nom est sur toutes les lèvres ; son âme, répandue dans l'infini, s'infiltre dans toutes les âmes, et, une fois de plus après tant d'autres, l'Humanité s'aperçoit qu'elle vient de tuer le Fils de l'Homme.

Pourtant on ne sait pas encore combien il était grand. Les pages suivantes vous le diront. Rien de plus simple, de plus noble, de plus vrai, de plus humain et de plus divin tout ensemble, n'a été écrit depuis les livres sacrés. C'est le testament d'un Élu ; c'est une page sublime de la Bible éternelle que la race d'Adam grave avec son sang et ses larmes sur les espaces semés d'étoiles.

Ces pensées des derniers jours étaient dédiées par lui à ses parents. Je prends sur moi de les dédier au monde. Je m'en excuse et je m'en accuse. Je sais que j'excède mon droit ; mais je sais aussi que j'accomplis un devoir.

Hier, quand ses parents, famille digne de lui, m'eurent appris sa mort, je demeurai près d'eux pendant quelques heures, partageant avec eux le pain amer de la tristesse.

Le père ne pleurait pas. Austère et résigné : « Ce n'est plus à moi de pleurer, disait-il, c'est à ses juges. Moi, je suis le père de Rossel, et le père de Rossel est trop fier de son fils pour le pleurer. »

— Ami, lui répondait sa noble femme, tu peux être fier, mais tu ne peux pas être heureux.

Et elle pleurait, et ses jeunes filles pleuraient avec elle, gravement et silencieusement ; car, comme l'a dit Rossel : « on a de la peine à pleurer dans sa famille. »

Elles pleuraient pourtant, et je les aidais à pleurer, la mère surtout, dont la douleur contenue m'inquiétait. Je les aidais à pleurer, en les faisant parler de lui, en les contraignant d'évoquer des souvenirs d'enfance, en examinant les autographes, les dessins, les portraits de celui qui la veille n'était qu'un condamné et qui, maintenant, était un martyr.

Ce fut ainsi qu'elles me montrèrent un manuscrit de onze pages, qui, dans la pensée de Rossel, n'était point destiné à la publicité, car l'enveloppe porte, avec le titre : « Derniers jours, » l'annotation suivante : « Pour mes parents. »

Je demandai la permission de l'emporter pour le lire plus à loisir. Je pensais qu'il n'y avait là que des impressions intimes et familières, intéressantes seulement pour les parents eux-mêmes ou pour ceux qui leur tiennent de près par le cœur. J'ai lu, et j'ai reconnu que l'âme et l'esprit de Rossel étaient tout entiers dans ces quelques centaines de lignes.

C'est pourquoi je me résous à les publier, sans demander l'aveu des parents, à qui j'écris simplement pour leur demander pardon. Ils comprendront, j'en suis sûr, que si Rossel vivant leur appartenait plus qu'à autrui, Rossel mort appartient à tous autant qu'à eux-mêmes, et c'est pour cela justement qu'ils ont le droit d'en être fiers. J'espère donc qu'ils ne me reprocheront pas d'avoir trompé leur confiance.

Et vous tous qui l'aimiez ; vous tous qui le pleurez ; vous tous : femmes, hommes, jeunes filles, jeunes gens, qui avez demandé sa vie, pardonnez à ceux qui vous l'ont refusée, comme Rossel leur a pardonné lui-même. Si l'agonie des derniers jours lui arrache de temps à autre quelques plaintes exquises et touchantes, la haine et la colère n'ont point de prise un seul instant sur ce grand cœur. Soyez comme lui doux et cléments.

Vous surtout, mes jeunes amis, qui avez fait avec moi le suprême pèlerinage à Versailles, que les dernières lignes écrites par Rossel vous calment au lieu de vous surexciter. Rossel n'est pas de ceux dont le cadavre ou le souvenir doivent servir d'occasion à des manifestations sanglantes ; il est de la race bénie qui apaise, console et réconcilie ; il est de ceux qui meurent, non point pour qu'on les venge, mais pour qu'on les aime et pour qu'on aime en se souvenant d'eux ; il est de ceux qui, en s'offrant en holocauste, peuvent dire comme le Christ : « Ceci est mon sang, le sang de la nouvelle alliance. »

29 novembre 1871.

JULES AMIGUES.

Pour mes parents.

I

Samedi, 25 novembre 1871.

Certainement cette journée vaut la peine d'être racontée : c'est une de celles où j'ai le plus souffert de ma vie. Depuis que j'ai quitté la Commune, je n'ai eu qu'un moment d'angoisse : c'était au mois de mai, pendant que je me cachais dans Paris, sous le coup de la proscription de cette déplaisante Assemblée. Un journal de Versailles publia un acte d'accusation, aussi bien fait certainement que dans un roman-feuilleton, où il était prouvé que j'avais reçu, dans telle et telle circonstance, un certain nombre de centaines de mille francs pour livrer Paris à M. Thiers. Cette effronterie m'accabla un instant ; je craignis de ne pouvoir me laver de la calomnie qui y était contenue. Mais, depuis ce moment, depuis mon arrestation par les vainqueurs, chaque phase du procès, chaque tentative de mes adversaires contre moi a mis mon caractère en évidence, de sorte que, s'ils me font mourir aujourd'hui, ils en seront pour leurs frais, et auront commis le meurtre le plus dangereux pour eux-mêmes, pour leur système, pour leurs enfants.

Je suis fort tranquille dans ma prison, m'inquiétant peu et rarement de la décision qu'on prendra à mon sujet.

Il y a neuf jours, la Commission des grâces s'est réunie, et ses délibérations secrètes, presque honteuses, se sont terminées hier.

On ne sait encore le résultat, mais l'allure de

ces pauvres diables indique nettement qu'ils sont disposés à sévir : il n'y a rien de terrible comme les gens qui ont peur. Il y a trois jours on a publié que j'étais exécuté, ainsi que Ferré.

C'était, dit aujourd'hui la *Presse*, « un ballon d'essai » pour tâter l'opinion. Hier, sur un appel de la *Constitution*, quelques jeunes gens sont venus de Paris à Versailles pour demander ma grâce, et intercéder *in extremis*. Respectueux et modérés, ils se sont fait représenter par cinq d'entre eux, qui n'ont fait qu'entrevoir M. Thiers et ont été reçus par M. Barthélemy Saint-Hilaire. Thiers, qui montait en voiture, a refusé de les écouter : « Cette démarche ne peut être que nuisible à *ceux* que vous voulez sauver, » a-t-il dit, assez ému, paraît-il, malgré le petit nombre de ses interlocuteurs. Barthélemy a été plus explicite ; ses dents claquaient :

« Vous empêcherez l'Assemblée de rentrer à Paris!... Vous avez la République, que vous faut-il de plus?... Vous allez exaspérer la Commission des grâces!... Après tout vous n'êtes pas si nombreux. »

A ces expressions fidèles de la pensée du gouvernement et de sa politique, et en particulier à cette dernière phrase, mon ami Baïhaut répondit : « Si vous ne nous trouvez pas assez nombreux, nous viendrons demain dix mille, si cela vous convient. »

Aujourd'hui Joly est venu me voir. Il ne sait rien ; il sait seulement que la Commission s'est définitivement séparée la nuit dernière, en s'ajournant au 4 décembre, et ayant statué sur les dix pourvois qui lui étaient déférés.

J'ai vu mes parents avant-hier matin. Ma mère et ma sœur venaient en toute hâte me prévenir qu'un bruit avait crédit parmi les membres de la Commission, d'après lequel j'aurais, peu après le 18 mars, demandé au ministre de la guerre un grade qui m'aurait été refusé : j'écrivis aussitôt une lettre que j'adressai à ma mère et par laquelle je démentais ce bruit, calomnie de la dernière heure.

Hier, je les ai revus au parloir : ma mère et ma sœur avaient passé la soirée, la veille, à attendre la sortie des membres de la Commission ; ils s'étaient séparés très-tard, et elles les avaient regardés passer sans oser s'approcher d'eux. Ils n'avaient pas l'air de gens qui viennent de prononcer la mort de quelqu'un, ils marchaient légèrement : c'est qu'ils avaient grand'faim et qu'ils étaient pressés de dîner. Non, ils n'avaient pas l'air méchant ! Très-tard dans la soirée, un journaliste anglais avait envoyé un mot à mes parents pour leur dire que tout allait bien et qu'il ne voulait pas quitter Versailles sans le leur faire savoir. Mon père était allé aussitôt en informer M. Passa. « Je viens vous le dire pour que vous passiez une bonne nuit. »

Aujourd'hui, lorsqu'ils sont arrivés au parloir, ma sœur avait le visage tout décomposé et venait d'essuyer ses larmes. « Elle est très-enrhumée. » me dit ma mère. Ma mère était très-pâle, tout à fait pâle. La petite Sarah avait gardé sa voilette sur le nez — comme par coquetterie — et faisait comme si elle avait été calme ; de temps en temps une contraction du coin de ses lèvres, mais elle ne pleurait pas. Mon père se tenait au fond, comme d'habitude ; son visage ne s'émeut pas, mais je l'aime trop pour ne pas comprendre qu'il n'en souffre que davantage au fond, et je me repens amèrement de causer de si profondes et de si amères douleurs à mon père bien-aimé.

Je ne puis pas supporter qu'on fasse souffrir mes parents. Pour mon compte, j'ai l'épiderme dur et je suis si peu préoccupé de cette éventualité d'une mort imminente, que je me demande parfois si ce n'est pas une insensibilité maladive de ma part. Mais ce que je ne conçois pas, c'est qu'en différant ainsi de prendre une décision, en dissimulant cette décision lorsqu'elle est prise, on fasse souffrir une longue agonie à mes parents, qui n'ont commis d'autre crime que de m'avoir appris à aimer mon pays.

On a décidé quelque chose, on se tait : c'est que la décision est fatale ; — voilà la conclusion que tirent mes parents.

« N'exaspérez pas la Commission des grâces ! » Ce mot de Barthélemy mérite d'être encadré. Comment ! voilà une Commission qui est lâchée dans l'arène comme un taureau furieux, excitée par les cris des spectateurs, effarée, affolée, et vous allez lui parler de grâce ! C'est vouloir la provoquer, c'est lui porter un défi ! « N'exaspérez pas la Commission des grâces ! »

La vue de mes parents me navre. Hier, ma

mère me racontait leurs démarches de la veille ;
tout à coup elle s'interrompt : « Je ne peux
plus ! je ne me rappelle pas ! je suis folle, vois-
tu ! » Ma sœur, qui était plus calme, reprit le
récit, que je n'écoutais pas non plus. Je les
voyais, je les entendais, voilà tout ; peu m'im-
portait le reste. Aujourd'hui c'est ma mère qui
était calme et ma sœur qui était folle : « Nous
étions pourtant tranquilles hier au soir. M. Passa
nous avait rassurés ! — Mais j'ai confiance,
dit ma mère, j'ai confiance ; ils ne te feront
rien. » Père, parle d'autre chose : du fort
Sainte-Marguerite, du dernier dessin que j'ai
fait, de celui que je vais faire ; ma mère m'a fait
lui en promettre deux, et justement je lui fais le
second ce soir, heureux de faire quelque chose
pour elle. La petite ne pleure pas tout à fait,
mais son cœur est plein. « Et toi aussi, lui
dis-je, toi aussi ils te font de la peine ! » Là-
dessus elle éclate en sanglots, elle est au bout
de son courage. Ma pauvre petite filleule, ma
pauvre petite amie : on lui déchire son pauvre

petit cœur. Mais la blessure se cicatrisera, ma petite chatte bien-aimée ; je sais bien que personne ne prendra la place de ton vieux frère, mais il y a encore dans ton cœur assez de place pour bien des amitiés nouvelles. Seulement aie bien soin des autres : ils ont une si vieille habitude de m'aimer que j'ai peur, j'ai peur pour eux quand ils n'auront plus à se dévouer à moi.

Le parloir est une petite cage de un mètre environ de surface, et de trois mètres de hauteur. Derrière, une porte ; sur les côtés, des cloisons en briques ; devant, à hauteur d'appui, un grillage double, formés de treillis en fils de fer, dont les mailles ont deux centimètres d'ouverture; les deux grillages sont à cinquante centimètres l'un de l'autre. En face de cette cage est une loge un peu plus profonde, qui s'ouvre, aussi à hauteur d'appui, mais sans grillage, sur un couloir intermédiaire où se tient un gardien. Ils sont tous les quatre dans cette loge : quand nous sommes de bonne humeur, nous l'appelons notre Guignol, parce que les personnages y sont aussi serrés que sur la scène où se représente le grand drame de Polichinelle. Seulement, c'est un autre drame qui se joue ici. Le gardien qui est chargé de contrôler nos paroles n'est pas un méchant homme ; c'est le plus souvent un ancien soldat ; il a servi en Crimée ou avec Lamoricière, et aujourd'hui il gagne sa vie à ce malheureux métier.

Lorsque la demi-heure réglementaire est écoulée, il va ouvrir la porte derrière mes parents : « Messieurs, mesdames, il est l'heure. » Alors mes sœurs s'accrochent chacune à leur tour au premier grillage, y appliquent leur visage et m'envoient un baiser que je leur rends sur le second grillage ; et puis chacune à son tour a le droit de sortir la dernière pour me voir un peu plus longtemps. « A après-demain, se dit-on quand on se quitte. » On ne pleure qu'en sortant.

— Aujourd'hui, ces pauvres chers visages

étaient abattus et découragés. « Il y a si longtemps que nous patientons ! me dit ma mère, nous sommes à bout de forces. » Elle parle peu, mais elle me regarde avec une attention concentrée, comme pour graver mes traits dans sa mémoire. Un moment le gardien s'éloigne pour faire entrer d'autres visiteurs : elle accroche ses mains au grillage et s'en rapproche tant qu'elle peut :

« Mon fils, mon bon fils, mon bien-aimé ! Je t'aime ! ils ne te feront rien ! »

Après la demi-heure écoulée, on me permet de les embrasser au greffe ; ils viennent seulement deux à deux, pour que la surveillance soit facile. Ces embrassements les inquiètent... on pourrait me passer du poison... Le directeur des prisons est un administrateur fidèle. On lui a confié la gestion de tant de kilos de chair vive ; il faut qu'il rende cette chair vive, soit au ponton, soit au bourreau, soit même, le cas échéant, à la liberté ; et je suis certain que c'est encore ce qui lui plairait davantage. Se suicider, se détruire, ce serait commettre une mauvaise action, le priver de sa position, briser sa carrière, « et, me dit-il, vous ne le voudriez pas. » Il me confie ses inquiétudes, il me dit combien il a confiance en moi, et cependant il prend ses précautions. Ce soir, je cousais un bouton, l'aiguille se plie entre mes doigts : je la regarde ; c'est une belle aiguille toute neuve qu'on a mise à la place des deux vieilles aiguilles d'acier que j'avais ; on a pris même la peine de l'enfiler comme étaient les autres.

Je verrai mes parents demain. « J'ai rassuré
« votre mère, me dit le directeur ; cette pau-
« vre dame me fait des questions qui m'embar-
« rassent beaucoup. Elle me demande si je sais
« quelque chose. Je ne sais absolument rien, je
« vous en donne ma parole d'honneur. Mais je
« l'ai rassurée. Vous verrez votre fils demain,
« lui ai-je dit ; c'est demain dimanche, et on

« n'a jamais fait d'exécutions le dimanche ; on
« n'en fait jamais, la loi le défend. Ainsi, vous
« pouvez être tranquille. » Si ma mère n'est
pas rassurée avec cela, c'est qu'elle a mauvais
caractère.

M. Passa est venu après mes parents. Il
m'apportait du chocolat ; si on me fusillait
demain, on en trouverait plein mes poches, car
j'en avais encore une provision. Il m'apportait mieux que cela : sa bonne amitié et son
bon cœur. Nous nous aimons véritablement,
nous nous comprenons ; c'est vraiment un
bonheur pour moi de l'avoir rencontré ; il a
toutes les délicatesses. Mon dîner était sur la
table.... il ne voulait pas me déranger ; mais,
après une ou deux bouchées, le souvenir de
mes bien-aimés parents et de leur tristesse m'a
étranglé. Je me suis levé et je me suis mis à
pleurer.

Mourir jeune, d'une mort rapide, d'une mort

honorable ; laisser un nom respecté et un courageux exemple, ce n'est pas là un sort à plaindre. Ma mort sera plus utile cent fois que ne l'a été ma vie, plus utile que n'eût été une longue carrière bien remplie ; je ne me plains pas. Mais pourquoi fait-on souffrir mes parents et mes sœurs ? C'est si facile de tuer un homme, et c'est si vite fait ! Pourquoi hésitez-vous à tirer du fourreau le glaive rouillé de votre justice ?

11 heures du soir.

II

26 novembre, soir.

Je suis accablé de douleur. Il me faut faire effort pour prononcer une seule parole. Hier soir, tout en écrivant, je copiais un dessin pour ma mère, et je le lui ai donné aujourd'hui :

c'est une pauvre femme avec trois petits enfants ; elle allaite le plus jeune, un autre est grimpé sur son dos, et le plus grand est debout à côté d'elle. Quand nous étions petits, nous donnions des noms aux figures d'une image. Je me disais en copiant celle-là : « Ils trouveront que c'est mère avec ses trois petits enfants. » Le petit garçon est vêtu de pauvres habits qui semblent des oripeaux : une petite veste à basques, un gilet galonné, et surtout un très-grand feutre avachi qui lui pend sur le dos, et sur lequel se dresse misérablement une petite plume : ce maigre panache sur la tête du petit gueux grelottant me rappelait nos joies misérables, les ornements dont nous parons notre tête, ou notre esprit, ou notre corps, et sous lesquels nous frissonnons de froid, d'ennui ou de douleur.

Vers onze heures, j'ai eu fini de dessiner et d'écrire. Alors, tout en arpentant ma cellule, je me suis rappelé une parole de ma mère :

« Crois-tu, me disait-elle en s'attachant au grillage du parloir, crois-tu qu'ils te feraient sauver si nous leur donnions de l'argent? Si nous donnions 20,000 francs? Nous les avons. » Vous avez 20,000 francs, pauvre mère, vous avez réuni toutes vos pauvres ressources, et vous voulez savoir si c'est assez pour la rançon de votre fils! Non, ma mère, ce n'est pas assez. Si j'avais vendu ma patrie, si j'avais livré son armée à la captivité, alors nous aurions des millions, et ce serait assez. Il n'y aurait personne pour nous condamner, personne pour nous exécuter, personne pour nous arrêter. Mais 20,000 francs... Tu veux rire!

J'étais attendri de cette folle obstination à me sauver par les moyens impossibles. « Est-ce que tu ne peux pas scier les barreaux de ta fenêtre? Est-ce que tu ne pourrais pas sortir de la prison à la place de M. Passa quand il vient te voir? » En pensant à tout cela, et surtout à cette idée de réunir 20,000 francs et de les offrir pour racheter ma vie, j'ai eu envie de pleurer. Mais la porte de la cellule est percée d'un guichet où vient fréquemment regarder le gardien de ronde. Faut-il mettre ces gens dans la confidence de mes sanglots? Ce sont de braves gens, quoique geôliers, ils seraient capables de chercher à me consoler : « Voyez-vous, Monsieur Rossel, il ne faut pas croire ça; c'est pas possible : moi, j'y crois pas... Et puis, il n'y a encore rien de sûr. » J'ai éteint ma bougie et je me suis promené à la lueur de la veilleuse qui est dans chaque cellule de par le règlement; alors j'ai pleuré et sangloté tant que j'ai pu, m'arrêtant dans le coin à côté de la porte, où on ne peut être vu, appuyant mon visage contre le mur et criant tout bas : « Ma mère! ma mère!... »

J'ai de la peine à pleurer; nous sommes ainsi dans la famille : les larmes ne veulent pas venir. J'aurais voulu pouvoir me rassasier de larmes, mais la douleur s'accumule en dedans et n'atteint pas le visage.

Vers minuit je me suis couché, et presque aussitôt le cours de mes idées a changé. Après tout, pensais-je, combien de mères chaque jour perdent un fils bien-aimé et ne peuvent le disputer à la mort ! Le monde est peuplé de semblables douleurs. Et moi, quelle meilleure mort puis-je souhaiter ?

Cependant combien de choses en moi répugnent à la mort! me disais-je ; j'ai beau ne pas me plaindre, je sens que j'ai droit d'être plaint. Je n'ai pas assez vécu ; j'ai besoin de travailler, de penser, d'agir, d'aimer, d'aimer surtout. Mes poumons sont faits pour respirer longtemps encore, et mon cœur pour battre. Il n'est pas naturel de mourir ainsi !...

Mes pensées passent si rapides que j'ai peine à les suivre. Je songe combien sont promptes ces dernières heures, et combien change à chaque instant la perspective du passé et de l'avenir. Je ne suis plus ce que j'étais hier : il y a comme des pages entières qui s'effacent du livre de ma mémoire. Un air de Mozart vient de me passer par la cervelle : que viennent faire ici ces notes joyeuses ? Est-ce moi qui savais et qui aimais cet air ? Déjà je ne me le rappelle plus et je le cherche en vain.

Combien de sensations, combien de sentiments sont ainsi effacés pour ne plus reparaître ! Mais que de douleurs, que d'angoisses ont aussi disparu ! que de fautes incorrigibles où je ne retomberai plus, que de rêveries amères ne viendront plus m'obséder ! Je salue la mort libératrice : ce qu'elle m'apporte compense ce qu'elle m'ôte !... Et pourtant j'ai soif de vivre et d'aimer !

J'ai entendu sonner minuit trois quarts. Je sonde en mon esprit les éléments du grand problème, l'être, le moi, l'enveloppe organique, la résultante des organes, la résultante des impressions, des affections, des mouvements ;

où est l'effet, où est la cause? Je m'endors en y songeant.

Je rêve. Je rêve que je me promène dans l'étroit préau, et qu'on y amène mes parents pour que nous nous voyions. Je rêve que je me suis jeté tout habillé sur mon lit dans ma cellule, et que je m'y suis endormi ; il est une heure du matin, des voix s'arrêtent à la porte, on ouvre, on entre ; je suis debout aussitôt ! ils ont l'air ennuyé de m'avoir trouvé habillé. C'est un prêtre âgé, maigre, d'une figure qui m'est inconnue ; je tends la main à ce vieux prêtre, derrière lequel entre le vieux Breuil, le gardien ordinaire de ma galerie. Il me dit quelques mots et cherche à me faire regarder vers la fenêtre, mais je le guette et je vois qu'il va se jeter sur moi pour me mettre la camisole de force ; le prêtre me retient la main ; ma première pensée est : « L'exécution est donc définitivement décidée ? » Je lutte contre Breuil, qui ne peut s'emparer de moi ; le prêtre s'est réfugié contre le chevet du lit. Je me jette sur le dos et j'envoie des coups de pieds à Breuil...

A ce moment je m'éveille pour de bon. Il n'est pas encore jour, mais la fanfare de la diane retentit dans la caserne voisine et répète plusieurs fois ses notes joyeuses. Je me rendors et ne me lève qu'à dix heures du matin.

Mes parents vont venir vers onze heures. On me laissera les voir sans grillage et même causer ainsi avec eux. Ce sera dans une cellule vide ; le directeur sera présent et il est probable que M. Passa viendra. A onze heures un quart on vient me chercher : c'est l'abbé Ferrand, mon bon abbé Ferrand. Il ne ressemble pas au prêtre de mon rêve. Il ne sait rien, il est plein d'espérance ; il a lu mon livre, il m'en fait des compliments. Il voudrait avoir le temps de me parler, et je le voudrais aussi ; mais on vient nous avertir que mes parents sont là, et on le presse d'achever sa visite. L'un et l'autre nous sommes désolés de nous séparer ainsi et sans avoir rien pu nous dire.

On vient me prendre au parloir pour me mettre dans la cellule n° 2, où l'on a porté des chaises. Ils arrivent, on s'assied ; le directeur a tout à fait surmonté ses craintes et me laisse asseoir entre ma mère et ma sœur. Père n'est pas là ; il est chez M. Thiers. M. Passa s'assied un peu plus loin; petite Sarah devant moi, à ma droite. Elles ont promis de ne pas pleurer. M. Passa leur a dit que j'avais pleuré hier et leur a fait promettre d'être calmes : il a emmené la petite passer la soirée chez ses enfants.

Père arrive. M. Thiers n'a rien pu lui dire : « il ne sait rien et il n'est pas le maître. » Père avait demandé à être introduit ; on lui avait dit qu'il fallait parler à M. Barthélemy Saint-Hilaire. Il entre, et dit à M. Barthélemy : « Il faut que je voie M. Thiers ! » M. Barthélemy hésite, oscille, cherche à ajourner : Je ne veux pas attendre pour défendre mon fils que ce

soit fini ; je ne m'en irai pas sans avoir vu
M. Thiers ; vous me chasserez si vous voulez.
J'attendrai que vous fassiez venir les hommes
de garde. » M. Thiers vient ; mon père lui
parle avec force, lui dit que je n'ai pas eu des
juges, mais des assassins ; lui en donne des
preuves. Il lui a écrit deux fois hier pour lui
exposer le côté moral de la question, et il lui
apporte une troisième lettre où il achève cette
exposition. Ces lettres, il les publiera : « Il
faut que la France juge : on ne peut pas assassiner un enfant ! » Comme mon père est grand,
comme il est bon, comme il est énergique dans
les situations décisives, et paisible dans la vie
ordinaire ! Indifférent à ce qui est petit, incapable même de voir les petitesses des autres !

Un journal a déclaré que j'étais condamné,
par commutation, à vingt ans de travaux forcés.
Les travaux forcés ! cette idée révolte le directeur. Pour nous, elle ne nous choque pas le
moins du monde, ni mes parents ni moi. Qui

est-ce qui peut attenter à mon honneur ? N'est-il pas au-dessus de semblables détails ? Mes parents seraient trop heureux qu'on me condamnât aux travaux forcés : ce serait la vie.

Joly est venu me voir vers quatre heures ; il disait, comme dit M. Passa, comme disent mes parents, comme je me dis peut-être secrètement à moi-même : « C'est impossible ! » Mais il en est aussi à rêver des expédients impraticables. Il a vu M. Thiers, il va retourner encore à la Préfecture, tâcher de savoir quelque chose. Il a écrit : « La sentence est illégale, contraire à la loi ; la commission est incompétente, un quart des siéges à la Chambre étaient vacants quand elle a été nommée. Il faut attendre la réunion de l'Assemblée. » Ce sera de lundi en huit... Voilà un lundi qui est bien loin de moi !

Nous causons. « Où allons-nous ? où va le pays ? Nous sommes aux mains des soldats ! » Vous vous repentirez, vous autres républicains, de n'avoir pas fait comme moi. Il faut connaître bien peu nos révolutions pour ne pas comprendre la nécessité de se joindre au parti le plus extrême (1). Le 18 mars, l'armée, la France, la République étaient aux républicains ; le 19 elles étaient aux incapables du Comité central ! ... L'armée n'est pas redoutable en elle-même ; elle est composée de citoyens... Qui sait si je n'emporte pas avec moi le secret de ces questions, que j'étudie depuis plusieurs années ?

Quelle faute à ceux qui me tueront ! Une fois mort, je suis inattaquable. La mort est mon triomphe ; j'ai rompu ce lien trompeur qui attache le soldat à des chefs même traîtres et infâmes. J'ai prouvé qu'on pouvait briser ce joug avec honneur. Si des officiers courageux et patriotes se courbaient devant des exigences indignes, acceptaient la fuite, la capitulation, la guerre civile envers et contre tous, ce n'était

---

(1) Véritable pensée d'homme d'État. Cavour, Bismark, n'ont pas fait autre chose. Hélas! la France n'a ni Cavour, ni Bismark : Quand elle en trouve un, elle le tue !

J. A.

pas par crainte de la mort, mais par crainte du déshonneur. Vous n'avez plus désormais cette ressource : j'aurai appris à tous qu'il y a des jours où un soldat discipliné et fidèle doit désobéir et peut désobéir sans se dégrader.

Joly me demande, en partant, la permission de m'embrasser : il est très-ému. Nous nous disons au revoir. Tout en causant, je lui avais dit, pensant à mon rêve : « J'espère que lorsque « l'ordre définitif viendra, on ne me mettra pas « la camisole de force ! » Il en a parlé au directeur, qui est venu peu après dans ma cellule, a longuement causé avec moi, et a trouvé moyen de m'expliquer, longuement aussi, qu'il ne mettait jamais la camisole de force que dans les cas de folie et de fureur. Ma voix avait peine à sortir et était plus faible que de coutume et un peu rauque.

Le moment du jour le plus difficile à passer, je l'ai souvent éprouvé dans cette solitude, est le moment où le jour baisse. Si l'on était heureux, on aimerait ce moment où les objets extérieurs s'effacent dans la nuit, et où les pensées intimes prennent d'autant plus de force. On est alors plus pleinement à soi-même, et c'est alors que je suis plus accablé. Mais cet accablement disparaît lorsque les lumières s'allument, et j'ai éprouvé un vrai soulagement à mettre par écrit ces tristes souvenirs.

Ces épreuves sont fortifiantes, me disait ce matin M. Passa. C'est vrai, elles sont fortifiantes et saines. Je ne jouis jamais d'une meilleure santé morale que pendant les dures épreuves ; pendant ces moments si amers, je me désintéresse de toutes choses mesquines et frivoles.

« Que voulait-il ? Où allait-il ? Quelle était son ambition ? » Comment répondre à ces questions ? En toute autre main que la mienne, mes idées sont des utopies. D'ailleurs, je n'ai pas étudié pour enseigner et pour écrire, j'ai étudié pour agir. Chaque élément d'action que j'examine dans les livres ou dans l'expérience des hommes, je ne le classe pas méthodiquement dans un casier de théoricien, mais j'en cherche l'application actuelle, qui se transforme chaque jour. Plus âgé, mes idées auraient pris une forme arrêtée, et je pourrais les écrire ; aujourd'hui, je n'aurais pu que les exécuter.

Lorsque je suis allé joindre l'insurrection, je ne comptais pas sur le succès, et je ne croyais pas y arriver à un des premiers rangs. J'obéissais à un devoir politique ; lorsqu'une guerre civile est engagée, il faut que tout citoyen soutienne son parti. Républicain, mon parti était à Paris. Il y en a qui se disent républicains et qui n'étaient nulle part à cette époque (1) : ils me laissent mourir aujourd'hui, et demain relèveront mon cadavre pour s'en faire un drapeau ou une arme. Qu'ils sachent que je ne suis pas des leurs ! Je suis de ceux qui se battent, et

---

(1) On sent à qui s'adresse ici la parole sévère de Rossel.
J. A.

j'irais plutôt rejoindre les zouaves de la Vierge que les démocrates incolores qui n'ont pour leur patrie que de vaines paroles et point de bras. Je hais le néant, même quand on le décore du nom de République ou du nom de patrie.

Comment remercierai-je tous ceux qui m'ont aimé, qui ont cherché à me sauver, qui ont souffert de mes souffrances? Les premiers jours que j'ai passés ici, je m'arrêtais pour rire de moi-même, de ma folie, de mon dévouement à des idées : « On te fusille, disais-je, c'est bien fait ; c'est le juste salaire de tant d'aberration. » Mais un jour, j'appris qu'il se signait à Metz une pétition pour moi. Cette nouvelle me causa une émotion vive, la plus vive que j'aie éprouvée jusqu'à la journée d'hier (1).

Après avoir su cela, je me promenais dans ma cellule, le cœur plein, et je m'appuyais au

---

(1) Cette journée d'hier est celle du 25, où il a appris la manifestation des jeunes gens.

J. A.

mur en me disant : « Ce n'est donc pas une chose vaine, de se dévouer pour les hommes ! »

Je veux remercier surtout mon camarade et ami Baïhaut. On ne manque pas de le calomnier aujourd'hui pour m'avoir soutenu. Je sais combien de sympathie on a eu chez lui pour mes malheurs, et combien on a partagé mes souffrances : je voudrais pouvoir, je voudrais oser dire combien il m'a été doux d'être ainsi soutenu, et combien j'ai eu de plaisir à deviner tant de discrète sympathie. Combien d'inconnus ont ainsi espéré et craint avec moi ! Je ne puis les remercier, je ne puis leur prouver que je voudrais être digne de leur bonne et gratuite confiance ; mais je veux du moins qu'ils sachent qu'à mesure que j'apprenais les efforts tentés pour moi, je ne me sentais plus seul, et que je vivais presque heureux, entouré d'un peuple d'amis inconnus. Il a fallu, pour produire chez moi l'abattement de ces deux derniers jours, que je fusse écrasé par la lenteur des délais et des incertitudes, par les alternatives rapides d'espoir et de résignation, et, plus que tout cela, par le spectacle du chagrin de mes parents, de leurs derniers efforts désespérés et fatalement stériles.

J'aurais voulu servir ma patrie ; je ne puis que mourir pour elle. C'est déjà un sort très-honorable et peut-être très-utile. Chacun fait ce qu'il peut ; il y en a qui n'ont fait que mourir et qui sont restés illustres. Il y a un an, fuyant Metz conquise et l'armée prisonnière, je passais à Bruxelles. En traversant une place, je me penchai hors de la voiture pour lire l'inscription gravée au piédestal d'une double statue, représentant deux jeunes gens qui se tiennent embrassés. Il y avait quelques mots en deux langues : « *Den Graafen von Egmont und von Hoorne...* Aux comtes d'Egmont et de Hoorne, injustement mis à mort sur cette place par ordre du duc d'Albe, le.... » Je lus respectueusement l'inscription, et je m'aperçus, en remettant mon chapeau sur ma tête, que j'avais salué la statue. Était-ce sympathie dans nos destinées ? Était-ce respect pour ce sang noblement versé et qui peut-être n'a pas été infécond ? Ce souvenir m'a plus d'une fois soutenu : les peuples, après plusieurs siècles, se souviennent de ceux qui les ont aimés et qui sont morts pour eux.

Chaque fois qu'on sonne et que s'ouvre la grande porte de la prison, je me dis qu'on vient peut-être me chercher; qu'on vient peut-être me faire évader. Quelqu'un a osé en parler à M. Thiers : « Il est trop tard ! » a-t-il dit. Pauvre Monsieur Thiers, il sera bien plus tard quand vous aurez mon sang aux mains !

— Mais, lui disait-on, vous avez bien fait partir Beslay ?

— Je n'aurais pas fait arrêter Rossel... si j'avais su !...

Si j'avais su !... Il est trop tard ! Combien

de fois et à combien de pauvres diables ai-je entendu répéter ces mots depuis que la France succombe ! Et ils savent de moins en moins, et ils attendent de plus en plus, et il est toujours trop tard.

Souffrance, délivrance, voilà ce qui domine de plus en plus en moi à mesure que le moment décisif s'approche. Cette excitation et ce dénoûment factices sont ainsi l'image un peu faussée de tout acte physiologique naturel.

Cette excitation, d'ailleurs, n'est pas continue. Elle ne s'est développée qu'à la suite de chocs répétés et d'une attente trop vive et trop prolongée. C'est Cinq-Mars, je crois, qui était entre les mains d'un bourreau maladroit, dont la main tremblante multipliait les coups d'épée sur son cou. La Commission des grâces est un bourreau maladroit. D'ailleurs la crise a des intermittences : d'abord ce serait bien étonnant si je ne continuais pas d'avoir, comme toujours, mes huit ou dix heures de bon et dur sommeil; et puis je lis, j'écris, je pense aux questions qui me préoccupent d'habitude, tactique, littérature, politique. J'ai même, dans mes préoccupations, des moments de gaieté, des caprices humoristiques que m'inspire la situation même. Mais le fond est triste, lugubre, navrant. La santé physique est légèrement altérée. C'est une véritable maladie que d'être condamné à mort; lassitude, inappétence, un peu de fièvre, légère anxiété. On finit par souhaiter d'en finir.

C'est moi qui suis là ! C'est un rêve. Moi, dont la mort est implacablement poursuivie au nom des lois ! J'avais rêvé de vieillir, de m'entourer d'une famille, d'aimer, d'élever des enfants : je vivais de mes rêves.

Mes rêves m'auraient trompé. La réalité est peut-être plus douce?

Mais finissons-en.

Ma pauvre mère bien-aimée m'a envoyé ce soir deux paires de chaussettes et deux serviettes. Elle ne veut pas craindre : elle croirait que le moindre doute serait criminel. Espérons, ma chérie, espérons que ce que tu m'as envoyé me sera utile : cela me mènerait au delà de ce fameux lundi, où se réunira la Chambre.

Je te bénis, ma mère, ma bonne mère, pour tous les petits soins dont tu m'as toujours entouré, pour la grande et sainte affection que tu m'as vouée, et dont je n'ai pas su profiter pour être heureux.

Que de débris, que de travaux interrompus, que de notes incohérentes je laisse derrière moi ! Que d'ébauches inutiles ! J'espère qu'on ne les connaîtra pas, ou que si on les connaît, on se souviendra que je suis mort jeune, et qu'on n'est pas encore parvenu, à mon âge, à fixer ses pensées et à les formuler.

27 novembre, 2 heures après midi.

Ce n'était pas pour ce matin. Hier, après avoir lu et écrit assez tard, je suis resté un moment accoudé sur ma table, à ne penser à rien, éprouvant un grand bien-être. Je me suis endormi difficilement, et j'ai été éveillé en sursaut par des cris comme ceux que se renvoient les sentinelles. Le premier cri semblait être parti de la sentinelle du chemin de ronde ; le dernier, de celle de la galerie : j'ouvris les yeux, il faisait une lueur comme la première lueur d'un crépuscule d'hiver. Je pensais qu'on venait nous chercher. *Nous*, c'est Ferré et moi : bizarre association. Puis, j'entendis vaguement une horloge lointaine qui sonnait deux heures du matin. Comme je cherchais à me rendormir, les cris recommencèrent, des lambeaux de phrases, des hurlements : cela dura jusqu'après trois heures du matin ; j'entendis qu'on ouvrait ma cellule ; puis, un tumulte ; puis les cris, plus lointains, durèrent quelque temps encore. Ces bruits insolites, ce demi-sommeil interrompu me donnaient la fièvre. Je fus encore réveillé par la diane, puis par chaque sonnerie de la caserne, puis par chaque coup de sonnette à la porte de la prison, pensant à chaque fois que c'était peut-être nous qu'on venait chercher. Enfin je me levai à dix heures.

... Le directeur vient me voir ; il ne sait rien encore et parle de l'une et l'autre éventualité. L'homme de cette nuit était un détenu pris d'un accès de folie.

Cinq heures du soir.

La crise intime que je subissais depuis avant-hier a beaucoup diminué de violence ; elle est même presque passée. Certainement cette nuit agitée en a brusqué la solution. J'ai occupé mon esprit une partie de la journée à un travail mécanique qui a certainement contribué à le calmer, à des recherches de facteurs premiers : cela ne mène à rien, cela ne signifie rien, mais cela occupe et repose. La soirée est bien meilleure qu'hier, mais je vais me coucher de bonne heure, car ce sommeil du matin est trop coupé et interrompu. Et puis, à tout prendre, je crains moins aujourd'hui qu'hier d'être réveillé pour aller « au feu. » Ce matin, il y avait une raison : la Commission dite des grâces s'était séparée vendredi après le départ de M. Thiers pour Rouen : on n'avait donc pas pu exécuter ses arrêts samedi ; on n'exécute pas le dimanche, donc l'exécution immédiate arrivait ce matin. Ce matin passé, nous retombons dans l'arbitraire des délais.

M. Passa m'a fait une bonne visite : il est plein de confiance. Sa lettre ayant été publiée par la plupart des journaux, il en a reçu de nombreuses félicitations. L'opinion publique se transforme, dit-il. Mon père est venu à quatre heures du matin chez lui avec M. Amigues lui demander « des nouvelles. » Il les a rassurés et a fait coucher M. Amigues chez lui. Mon père est retourné à Paris à sept heures du matin, et n'est revenu que vers quatre heures ; aussi n'ai-je pu voir mes parents qu'un instant, car le jour tombait quand ils sont venus. Ils semblent un peu plus calmes. Plus on tarde, plus ils espèrent. Ils doivent inspirer des craintes folles au pauvre directeur par la chaleur avec laquelle ils m'embrassent : hier, il lui avait semblé voir ma mère me glisser quelque chose dans ma poche ; il s'en est ouvert à M. Passa, qui l'a rassuré. D'ailleurs, il est d'une parfaite bienveillance ; mais le sentiment de sa responsabilité tempère légèrement sa confiance. Si j'étais mort quand on voudra me tuer, cela entraverait l'action de la loi, et il en serait comptable.

Je verrai mes parents demain, dans la matinée. Certainement ces deux derniers jours m'ont un peu bronzé.

A tout hasard, je veux noter mes dernières réflexions sur l'art militaire. Le groupe de deux cent cinquante hommes, la compagnie prussienne, a de sérieuses qualités tactiques que j'ai longtemps méconnues. Elle est bien appropriée au nouvel armement. Mais le bataillon de mille hommes ne me semble par avoir la même valeur, et je préfère de beaucoup notre bataillon à sept cents hommes présents, au plus. J'ai été plus d'une fois injuste en ce qui concerne le mérite des armées prussiennes dans la dernière guerre. Je suis toujours convaincu qu'on aurait pu et dû les vaincre, mais il faut reconnaître qu'ils entendent très-bien la politique de la guerre, science oubliée chez nous ; qu'ils traitent la logistique avec tout le soin qu'elle mérite et réalisent ainsi des résultats dignes d'être étudiés. Je ne vois pas de génie dans la dernière guerre, mais un incontestable talent, qui les aurait toujours préservés de tomber aussi bas et aussi honteusement que nous.

DERNIÈRES RECOMMANDATIONS

Les papiers relatifs à ma *mission dans la région du Nord* seront envoyés au ministère de la guerre en y joignant une somme de 269 fr. 30 c. environ, si je m'en souviens bien. Parmi ces papiers se trouve la note justificative de l'emploi de 230 fr. 70 c., qui serait le complément de la somme de 500 francs qui m'avait été remise pour frais de mission. Cependant, cette somme de 269 fr. 30 c. doit être compensée avec la somme à laquelle je puis avoir droit, suivant les règlements militaires, pour mes appointements pendant la durée de la prévention, soit depuis le 8 juin jusqu'au jour de l'exécution (ou du jugement définitif).

Les papiers ont été confiés par moi à M. Brisson, banquier à Bourges, et doivent se trouver dans sa caisse.

26 novembre 1871.

A PÈRE, MÈRE, BELLA ET SARAH

26 novembre soir.

Je ne veux pas désigner, mes bons chéris, l'usage à faire du peu de choses qui m'ont appartenu. Je laisse si peu de choses que ce n'est guère la peine d'en parler. J'ai un véritable regret de n'avoir pas été assez heureux pour contribuer à votre aisance, et pouvoir vous remercier ainsi de tant d'amour que vous avez si mal employé en m'aimant; je suis malheureux de vous avoir été à charge toute ma vie. Enfin, si cette vie est finie, ce n'est peut-être un mal ni pour moi ni pour vous.

Père a si peu de besoins que je ne vois guère lesquelles de mes affaires pourront lui faire plaisir; j'espère qu'il conservera pour son usage ce que je laisse de bons effets ; cela me ferait plaisir.

Mère a pris l'habitude de porter ma chaîne de montre ; j'espère qu'elle la gardera. Je n'ose pas lui rendre le petit *Chinois* de jade qui a couru tant d'aventures avec moi. On le trouvera sur moi au dernier moment, et j'en parlerai à M. Passa ; je le garderai sur ma poitrine jusqu'à la fin (1). Je donne aussi spécialement à mère les cinq volumes de *Monteil* qu'elle aimait à lire.

Bella prendra dans mes livres les six volumes de *Bouillet* (deux Antiquités, deux Histoire, deux Sciences) ; *Anacharsis*, cinq volumes

---

(1) Ce « Chinois » a été remis par Rossel au pasteur Passa, à la dernière minute avant l'exécution. Rossel, au moment d'affronter la mort, n'avait gardé sur lui, comme souvenir de famille, qu'une petite photographie de sa sœur Bella, qui a été volée sur son cadavre, dans l'hôpital de Versailles. — J. A.

et un atlas ; une *Histoire ancienne* récemment publiée, en deux volumes in-12 brochés, qu'elle avait commencé à lire à Paris.

Sarah gardera, bien entendu, le petit *Don Quichotte*, qui est bien plus à elle qu'à moi. Elle prendra aussi les petits Chinois en porcelaine, très-jolis, qui sont dans un des compartiments de gauche de la cassette, enveloppés dans du coton.

Bella et Sarah se partageront mes livres, en choisissant chacune suivant son goût, en prenant l'avis de mère, et se cédant mutuellement lorsque toutes deux désireront le même livre. Bella gardera, en sus du partage, les livres foncièrement ennuyeux, comme dictionnaires grecs, géométrie, etc. R.

26 novembre, soir.

Je compte, mes bons chéris, que vous retournerez à Nîmes aussitôt après l'événement, sans vous attarder à gémir ici ; car si vous y restiez quelque temps, on s'attache si sottement aux lieux où l'on a souffert, que vous auriez de la peine à vous en détacher. A Nîmes, au contraire, vous serez dans un milieu sympathique qui vous aidera à supporter la douleur. En restant à Versailles, la vue de ces officiers, de ces juges, de ces députés, de tout ce monde qui continuera à fonctionner après que vous aurez cessé d'espérer, tout cela ne fera que vous aigrir et rendre la douleur plus à charge, et peut-être lui ôtera de sa dignité et de sa vérité, en la détournant du souvenir de votre fils pour changer votre regret en dépit et en haine contre la société.

Ainsi, toutes affaires réglées aussi vite que

possible, retournez au milieu de vos amis ; même il vaut mieux partir plus tôt, en chargeant M. Passa et M. Larnac de régler ce que vous aurez à régler ici et à Paris. J'ajouterai que le climat de Nîmes convient à Père et aux enfants, et que je suis certain qu'il aura une heureuse influence sur la santé et le développement de ma petite filleule.

Je vous engage à me faire enterrer ici. Vous m'aimez assez profondément pour n'avoir pas besoin de la vue d'un tombeau pour garder mon souvenir; j'aime mieux que vous vous rappelliez votre Lisé (1) de tous les jours, que d'aller chercher un signe matériel qui vous rappellerait plutôt mes malheurs et mon supplice que mon caractère et mon amitié pour vous. C'est de ma vie et non de ma mort qu'il faut vous souvenir.

J'ajoute que vous n'obtiendrez probablement

---

(1) Diminutif de Louis: nom familier par lequel les parents de Rossel avaient coutume de l'appeler. — J. A.

pas la permission, soit de me transporter, soit de me faire un tombeau, ce que je considère comme les choses les plus vaines du monde.

Je suis bien tranquille, mes bien-aimés, en vous écrivant tout cela. Ce n'est que pour vous que je souffre, car, pour moi, il ne me disconvient pas de mourir, et de mourir comme je meurs. Je compte sur votre énergie et votre vertu dans cette circonstance ; soutenez-vous les uns les autres, et ne vous laissez pas aller à trop de regret. Chacun de vous a besoin de tous les soins des autres, et c'est surtout à mes sœurs que je recommande leurs parents, et avant tout mon bien aimé-père.

Ce n'est qu'en pensant à lui que je me sens venir les larmes aux yeux ; car je le connais si bon, si grand, je sais si bien que son affection est d'autant plus grande qu'elle est moins prodigue de manifestations, que je me repens amèrement de lui infliger une si grande douleur. Si j'ai le temps de le faire, j'écrirai à chacun de vous ; mais vous êtes si bien unis pour m'aimer, que je ne vous sépare pas dans l'amour que je vous rends.

Que Dieu vous bénisse et vous console, mes bons, mes meilleurs amis.

Je vous aime.

L. NATHANIEL ROSSEL.

ÉPILOGUE

Telle était l'âme de Rossel.

Mais ces pages émouvantes, que domine et commente le dénoûment funèbre du 28 novembre, ne révèlent point au lecteur la physionomie tout entière de Rossel et n'éclairent que quelques côtés de son génie.

Pour moi qui vis à cette heure avec le souvenir de ce pauvre grand Nathaniel, et qui recueille sa pensée intime dans les nombreux manuscrits que sa famille a bien voulu me confier, je demeure confondu de tant d'énergie, de tant de puissance, de tant de variété, de tant de richesse. La naïveté, la profondeur, la grâce, l'ironie, la colère, toutes les cordes et toutes les vibrations sont familières à cet étrange esprit, qui ose toucher à tout et ne dédaigne rien.

La politique et la guerre, la philosophie et la critique, la science sociale et la fantaisie littéraire sont également de son domaine, et, sur toutes choses, ses aperçus offrent cette double et caractéristique empreinte : la maturité de la pensée et la netteté de la vision.

Il faudrait tout citer, si je voulais citer, et je reviendrai sur tout cela, quelque prochain jour. En attendant, je trouve, dans ses notes politiques un passage que je veux transcrire tout entier, un passage qui me frappe, parce que Rossel y envisage, exactement comme je le faisais moi-même il y a quelques jours, les circonstances et les conséquences de sa mort.

Le soir même de son supplice, j'en écrivais dans un journal le douloureux récit (1), et, saisi par l'analogie de l'histoire, j'inscrivais sur sa tombe le mot de Cicéron sur les complices de Catilina :

---

(1) Je reproduis plus loin ce récit, complément nécessaire des pages douloureuses qu'on vient de lire. — J. A.

VIXERUNT !

Or, voici ce que je lis dans l'un des cahiers que la famille de Rossel a recueillis dans sa cellule, et qu'elle vient de m'envoyer :

« Les sénateurs du temps de Cicéron me rappellent, en mieux, les législateurs de cette année ; mais il faut avouer que les consuls et les assemblées législatives ont bien dégénéré depuis ce temps-là.

« Cicéron étant consul, ou, pour mieux dire, chef du pouvoir exécutif de la République romaine, un communeux, nommé Catilina, voulut faire à Rome quelque chose comme un 18 mars : le pillage, l'incendie étaient les moindres de ses projets ; l'histoire en a été fidèlement écrite, peu de temps après, par les vainqueurs eux-mêmes.

« Un beau soir, le chef du pouvoir exécutif, sentant que le torchon brûlait, fit saisir les principaux de ces agitateurs et les fit enfermer dans la prison publique.

« Mais c'est ici qu'il est facile de voir la supériorité des anciens sur les modernes. A Rome comme en France, voilà un système social qui s'écroule ! Là, comme ici, les possesseurs de la terre, des esclaves, de l'influence politique, s'acharnent à sauver leur situation. Ils ont pour eux l'organisation tout entière de la force publique ; ils ont un chef qui est naturellement le premier magistrat de l'État.

« Ce chef légitime empoigne les perturbateurs et les enferme. Mais ce n'est pas tout de les enfermer : comment faire pour s'en débarrasser ? La loi est chose sacrée dans une République ; le Chef du pouvoir exécutif, s'il ose décider du sort des accusés, empiète sur les pouvoirs publics. D'autre part, les formes de la justice sont impossibles à suivre dans un cas pareil : le procès seul de tant d'accusés, et si considérables, est une crise pour l'État.

« .... Le lendemain matin, comme on demandait au consul des nouvelles des prisonniers, il eut un mot charmant, digne de ce grand avocat, un de ces euphémismes comme les aimait la belle antiquité. Il ne dit pas qu'il les avait fait mourir, car un consul, dans Rome, n'avait aucun droit de faire mourir un citoyen : s'il le faisait, il n'était qu'un assassin vulgaire ; il ne dit même pas : « Ils sont morts ; » ce mot funèbre n'était pas de bonne compagnie. Il dit : « Ils ont vécu ! »

« La République romaine était sauvée !.... Elle était sauvée ; mais la fin de l'histoire mérite d'être dite :

« A quelques années de là, la question sociale, mal posée par Catilina, recevait une solution ; l'ex-chef du pouvoir exécutif, aussi bien que la plupart des législateurs qu'il avait sauvés par son éloquence et par la hache, étaient proscrits à leur tour.

« Ils périrent, et l'histoire a gardé un épouvantable souvenir de cette chasse à l'homme qui se faisait dans les rues de Rome, dans les demeures des citoyens, dans les splendides villas de ces souverains du monde. Le vieux Cicéron, celui qui avait eu jadis le courage inouï de faire périr sans jugement des citoyens romains, ne tenait guère à disputer les restes de sa glorieuse vie ; il fit cependant un effort : il partit en litière de sa belle maison de Tusculum, et alla jusqu'au bord de la mer, où un vaisseau l'attendait pour le mettre en sûreté.

« Mais le mal de mer effraya le vieillard ; il remonta dans sa litière, et s'en retournait chez lui lorsqu'il rencontra les soldats chargés du mandat des triumvirs : on enverrait aujourd'hui comme cela une escouade de gendarmerie. Sur un signe du brigadier, les porteurs s'arrêtèrent, et le vieillard, avançant la tête, vit de quoi il s'agissait : « Approche, dit-il au vétéran qui était chargé de l'ordre funèbre, approche, et montre comment tu sais frapper ! »

« En ce temps-là on coupait les têtes ; et c'était sur le vu de ces têtes que le meurtrier recevait son salaire, la prime fixée pour chaque mort. On porta cette tête au triumvir Antoine. Les avocats ont souvent des paroles imprudentes : Cicéron avait autrefois dit du mal de la femme de cet Antoine, qui s'appelait, je crois, Fulvie.

« Fulvie, lorsqu'elle vit cette tête, prit une longue épingle dans sa chevelure, — une épingle d'or, — et lui perça la langue. La tête de l'orateur fut ensuite exposée à la tribune aux harangues.

« Cicéron avait sauvé Rome de Catilina. Qu'aurait fait Catilina de pis qu'Octave ?

« Il y a des jours où on aime à se raconter de vieilles histoires. C'est après-demain que quinze législateurs vont discuter s'ils me mettront à mort pour sauver la République.

« Cette vieille histoire n'est pas finie. Lorsque cette génération fut passée, la révolution sociale était consommée. La vieille organisation avait péri ; mais la plèbe, lasse de gagner de mauvais coups à suivre des Gracques, ou des Marius, ou des César, la plèbe s'était retirée des affaires publiques. Qu'on lui donnât son pain et d'honnêtes divertissements, elle ne demandait qu'à se tenir tranquille.

« Quant à la bourgeoisie (je dis la bourgeoisie et non pas la noblesse), quelque sauvée qu'elle eût été par l'exploit de Cicéron, son règne était fini. Elle conservait sa fortune, son rang, ses magistratures ; seulement il y avait parmi les citoyens un homme, qu'on appelait le César, ou l'empereur, ou le prince, qui, de temps à autre, envoyait chez un bourgeois riche ou influent pour lui dire de se tuer ; et le bourgeois, qui parfois s'appelait Sénèque, avait la permission de rassembler quelques amis, de leur offrir un bon dîner, et de causer tranquillement avec eux pendant qu'on lui ouvrait les veines. La plèbe regardait faire et nes'en souciait pas ; elle s'était désintéressée du gouvernement du pays.

« C'est ainsi que Cicéron, consul, sauva la République romaine. Il commit un crime, c'est vrai ; mais la grandeur du résultat obtenu lui servit d'excuse, et ajouta à sa gloire. »

« Novembre 1871. »

Je n'affaiblirai par aucun commentaire cette page étonnante. Il ne m'a pas paru inutile de placer, à la suite des « Derniers jours » de Rossel, la prédiction d'outre-tombe qu'il a laissée à ceux qui lui survivent.

JULES AMIGUES.

VIXERUNT!

—

Le 28 novembre, en revenant
de Versailles.

Ce matin, j'arrivais à Versailles, croyant qu'il restait encore une chance pour sauver Rossel.

Je sonne chez la triste famille : c'est l'aînée des deux jeunes sœurs qui vient m'ouvrir la porte et qui me dit, d'une voix brisée par les sanglots :

— Eh bien, c'est fait !

Je ne vous dirai pas ce que j'ai ressenti.

Je vous dirai quelque autre jour aussi ce

qu'il y a au fond de cette exécution, et ce qu'elle annonce pour la France.

Aujourd'hui, je veux vous dire simplement comment cela « s'est fait » : rien de plus.

A quatre heures et demie du matin, Bourgeois, le sergent condamné pour insubordination et rébellion, et qui, à ce titre, était détenu dans la prison militaire de Versailles, a été transféré, de cette prison, dans la prison civile où étaient enfermés Rossel et Ferré.

Presqu'au même moment, M. Albert Joly entrait dans la cellule du condamné pour lui annoncer que le moment était venu : l'amitié du jeune avocat pour son jeune client s'était attribué cette dure mission.

Rossel dormait.

M. Albert Joly, assisté du directeur de la prison, s'approcha de son lit.

La lumière, tombant dans les yeux de Rossel, le réveilla.

— Ah! fit-il de sa voix claire et pure, c'est pour ce matin?

— Oui, répondit Albert Joly en pleurant.

— A quelle heure?

— L'exécution à sept heures; le départ de la prison, à six.

— Et il est maintenant?

— Cinq heures.

— Ah! c'est mal, mon ami.

— Quoi donc?

— Vous m'aviez promis de me prévenir au moins trois heures d'avance, pour que j'eusse le temps de me reconnaître et de ne rien oublier.

— Excusez-moi. Je me sentais si peu de courage que j'ai tardé le plus que j'ai pu.

— Oh! mon ami, je vous demande pardon si j'ai pu vous blesser par ce reproche. Telle n'était pas ma pensée. Seulement j'ai besoin de me recueillir un peu, et je n'aurai guère de loisir.

Puis, s'adressant tout ensemble au directeur et à M. Albert Joly :

— Voulez-vous me faire la grâce de me laisser seul un quart d'heure seulement?

Le directeur, M. de Coussol, quoique bienveillant, à l'ordinaire, pour son prisonnier, craint de le quitter à ce moment. Il considère sa responsabilité comme engagée à ne pas le perdre de vue un seul instant, et exprime le regret de ne pouvoir se rendre à son désir.

M. Albert Joly, seul, se retire par discrétion.

Rossel commence à s'habiller, par-devant le directeur.

— Je vais, dit-il, laisser ma chambre bien en désordre. Je vous demande pourtant de n'y rien laisser toucher, afin que mes parents la trouvent telle que je l'aurai quittée. Ils la rangeront eux-mêmes. Ma mère et mes chères sœurs savent mes habitudes et se retrouveront dans ce fouillis.

Il tire de dessous son lit un petit paquet, où il prend une chemise blanche, qu'il revêt en place de la chemise de grosse toile de la prison.

— Ce n'est pas la peine, dit-il au directeur en souriant, que je fasse perdre une chemise à l'administration des prisons; il vaut mieux que celle que l'on va trouver sur moi soit à moi.

Il achève de s'habiller : pantalon gris, vareuse courte à la manière des mobiles de province; foulard rouge autour du cou, chapeau mou, qu'il pose à côté de lui, au pied de son lit.

Il rappelle Joly et cause avec lui un quart d'heure environ, tous deux assis côte à côte sur le lit.

Rossel est calme et grave. Il parle de diverses choses avec la netteté d'esprit qui lui est propre. Une larme passe dans ses yeux quand il parle de sa famille, de ses parents bien-aimés, de ses chères sœurs, de sa petite Sarah, la plus jeune, sa filleule. Il s'apitoie sur ceux à qui il va manquer, non point sur lui-même.

Il se préoccupe surtout de l'avenir de la France.

— Vous êtes républicain, dit-il à Albert Joly. Songez bien à ceci : Si, avant peu, vous n'avez pas refait l'armée, c'est l'armée qui défera la République. Je meurs pour les droits civiques du soldat : c'est bien le moins que vous m'en croyiez là-dessus.

A cinq heures et demie, arrive le pasteur Passa.

M. Albert Joly se retire de nouveau ; d'un geste plein d'autorité, Rossel, congédiant le directeur lui-même, referme la porte et demeure seul avec l'aumônier.

Sur le seuil de cette entrevue, la chronique s'arrête.

On sait seulement que Rossel a remis au ministre une lettre qui peut être considérée comme son testament politique, et où il recommande qu'on ne venge point sa mort.

A six heures dix minutes, Rossel rouvre sa cellule et rappelle M. Joly.

— J'en ai fini, lui dit-il gaiement, avec le spirituel. Nous pouvons maintenant causer ensemble encore un peu.

Cette seconde conversation est plus libre, plus riante, plus familière que la première. L'âme du croyant, mise en paix par l'absolution, est désormais plus sereine.

On cause de choses et d'autres, de sujets intimes surtout. Il donne une boîte de chocolat pour la petite fille de Joly. Il lui recommande de ne pas oublier une photographie qu'il a promise au docteur Bérigny.

Joly et Passa pleurent.

Rossel les console et les embrasse.

— Que voulez-vous? leur dit-il : quand on ne veut point être jugé par les autres, on doit commencer par ne les point juger : c'est la Bible qui a fait ainsi par avance la morale de ma situation.

Il appelle le directeur, qui, dans les couloirs, veille aux derniers préparatifs.

— Vous avez, monsieur, lui dit-il doucement, un profession bien pénible, et je vous sais gré de la bienveillance avec laquelle vous avez su en remplir les devoirs envers moi. Voulez-vous, en signe de reconnaissance, me permettre de vous embrasser?

Le directeur fond en larmes.

Les geôliers, les gendarmes, tous les assistants pleurent aussi.

Sept heures approchent : le moment de partir est venu, et le commandant de la gendarmerie de Versailles, M. Amat, en fait donner avis à Rossel.

— Je suis prêt, dit-il.

Un bruit de fers se fait entendre : Rossel

frissonne. Un gendarme s'approche pour lui mettre les menottes, selon l'usage.

— Est-ce bien nécessaire ? demande Rossel un peu ému.

Albert Joly intervient et proteste : mais quoi ! c'est l'usage. Cependant le commandant daigne consentir à ce qu'on ne passe les fers qu'à une seule main : on aura ainsi satisfait à la forme.

Le gendarme s'excuse et se met en devoir de passer la menotte ; mais comme ses yeux sont pleins de larmes, ses doigts s'embarrassent.

— Sera-ce bientôt fini? demande brusquement le commandant.

— Laissez ce pauvre garçon, mon commandant, dit Rossel très doucement ; vous lui faites faire une si dure besogne ! il ne faut pas lui en vouloir, s'il en tremble un peu ; et quant à moi, je l'en estime.

On se prépare à partir.

Rossel prend congé de Joly en lui défendant de le suivre jusque sur le terrain de l'exécution.

— Je remercie en vous, lui dit-il, tous ceux qui ont cherché à me sauver. Dites-leur qu'ils continuent de me défendre après ma mort et qu'ils ne craignent pas de se tromper en attestant que mon seul mobile, mon unique ambition, a été de recommencer la guerre.

Et il se dirige vers la porte de la rue, où les v res attendent les condamnés.

Cependant les mêmes apprêts ont eu lieu pour Ferré et pour Bourgeois.

Réveillé en même temps que Rossel, Ferré a dit comme Rossel et avec le même sang-froid :

— Ah! c'est pour ce matin?

Il se lève et se met à sa toilette, dont il s'occupe plus minutieusement qu'à l'ordinaire. Il se peigne et se pommade avec soin.

L'abbé Folley, aumônier de la prison, vient lui offrir les secours de son ministère.

— Excusez-moi, monsieur l'abbé, lui dit poliment Ferré, mais j'ai beaucoup à faire ce matin.

L'abbé se retire. Ferré demeure seul avec un gardien.

Après une heure presque entièrement consacrée à se vêtir, se brosser et s'arranger, il écrit deux lettres :

L'une, adressée à sa sœur, et dans laquelle il lui recommande de recueillir ses restes pour que ses amis sachent où les retrouver ; mais sans cérémonie religieuse : car il meurt « matérialiste comme il a vécu ; »

L'autre, au ministre de la guerre, dans laquelle il réclame l'élargissement de son père et de son frère.

Ces deux lettres achevées, Ferré, voyant reparaître l'aumônier :

— Entrez, monsieur l'abbé, et causons si cela vous plaît ; mais il est bien entendu que c'est simplement en amis.

Quelques minutes plus tard, l'appel du commandant interrompait la causerie entre l'athée et le prêtre.

Pendant que Rossel se préparait à mourir comme un saint et Ferré comme un brave, le sergent Bourgeois, enfermé dans une autre cellule, buvait et mangeait tout son saoûl avec la plus parfaite indifférence.

Un peu avant sept heures, trois voitures cellulaires partaient de la prison, et, passant sous les fenêtres du président de la République, se dirigeaient vers Satory.

La première renfermait Rossel et le pasteur Passa.

La seconde, Bourgeois et l'aumônier Folley.

La troisième, Ferré, seul.

A Satory, les trois condamnés sont rangés contre trois poteaux, adossés à une butte.

Rossel, Bourgeois, Ferré : tel est l'ordre où ils se présentent de gauche à droite.

On pose les pelotons d'exécution.

Rossel demande à son ministre s'il y a là quelqu'un de ses juges.

Passa lui désigne le colonel Merlin, à cheval, l'épée haute, à la tête de son régiment.

Rossel dit à Passa quelques mots que l'on n'entend point ; mais le ministre, se retournant, articule d'une voix forte :

— Colonel Merlin, Rossel me charge, et c'est sa dernière volonté, de vous dire que ses juges ont fait leur devoir, puisqu'ils ont cru le faire, et qu'il voudrait, s'ils étaient là, leur serrer à tous la main.

Le colonel Merlin baisse la tête et l'épée et murmure tout bas :

— Pauvre garçon !

Un vieux sergent décoré s'approche pour mettre le bandeau à son ancien officier.

— Pas vous, mon ami, lui dit Rossel ; laissez ce soin à M. le ministre.

Et il remet le bandeau aux mains de M. Passa, qui le lui pose sur les yeux.

Bourgeois se laisse poser le bandeau en disant insouciamment ;

— Puisqu'il le faut !...

Quant à Ferré, on lui met le bandeau ; mais il le rejette aussitôt, et, tenant d'une main une cigarette, campant l'autre sur ses reins, il affronte du regard le peloton qui va le foudroyer.

Au signal donné, les trois condamnés tombent en même temps.

Rossel fléchit sur ses genoux et se renverse en arrière : la masse des décharges a porté dans la poitrine ; mais une balle égarée lui a troué la mâchoire, sans pourtant le défigurer.

Bourgeois et Ferré ont reçu le plomb dans la poitrine et dans le ventre.

Le sang a rejailli jusque sur la face de Ferré. Un chien noir, égaré, on ne sait comment, au milieu des troupes, s'approche et lèche ce sang : on le chasse.

Quelques minutes après, une voiture de déménagement transportait trois cercueils au cimetière : une dizaine de jeunes gens saluaient ces victimes au passage, mais ne pouvaient les suivre au cimetière, dont l'entrée était interdite par ordre de l'autorité.

A ce moment même, un laitier venait, suivant son habitude de chaque matin, déposer la provision du jour sur la fenêtre du rez-de-chaussée qu'habite la famille Rossel.

— Y a-t-il du nouveau dans la ville ? lui demande le pauvre père.

— Oui, monsieur, répond le laitier, qui ne connaissait pas son client pour le père de Rossel, il y a l'exécution des trois condamnés.

Rossel père se précipite chez Passa.

La servante de ce dernier, qui n'a pas entendu son maître se lever, dit à Rossel que M. Passa dort encore.

Rossel respire : le laitier s'est trompé, cela est clair.

Il rentre, et rassure la mère et les deux jeunes filles.

— On ne l'a pas tué aujourd'hui ; on ne le tuera plus maintenant ! s'écrie l'aînée, toute rayonnante.

Comme elle disait ces mots, Passa entre

dans l'appartement, et, s'adressant au père, il dit d'une voix grave :

— Votre fils est au ciel.

Les trois condamnés avaient vécu !

Et maintenant, — ô consul de la République française, — pareil à Cicéron sortant des prisons mamertines après y avoir fait étrangler les complices de Catilina, vous pouvez jeter au monde épouvanté le sanglant *vixerunt*, et faire croire aux vieillards du Sénat qu'ils ont sauvé la République !

JULES AMIGUES.

FIN.

NOUVEAUTÉS POLITIQUES ET LITTÉRAIRES

De la Librairie E. LACHAUD.

La Guerre de 1870-1871 (histoire politique et militaire), par Hector Pessard et A. Wachter, illustrations de Darjou : **60** c. la livraison.

---

	f.	c.
La Guerre de 1870-1871. Documents officiels allemands par W. Filippi		
L'Internationale, par Oscar Testut	2	»
Le Livre Bleu de l'Internationale, par Oscar Testut	3	»
Le Siège de Paris, par Francisque Sarcey. Prix franco	3	»
Le Siège de Paris raconté par un Prussien, traduction	3	»
L'Invasion, par Albert Delpit	3	»
Les 73 Journées de la Commune, par Catulle Mendès	2	»
Les 31 Séances officielles de la Commune	3	»
L'Agonie de la Commune, par Ernest Daudet	3	»
Le Pilori des Communeux, par Henry Morel	2	»
La Magistrature française et le Pouvoir ministériel, par Oscar de Vallée	3	»
L'Armée Nouvelle, par Maxime Lahaussois	2	»
Abrégé de l'Art de la Guerre, par L.-N. Rossel	3	»
La France Nouvelle, par Alfred Férot	3	»
Paris brûle, par Frédéric Fort	1	25
Les Ruines de Paris, par Francisque Sarcey	2	»
Nos Désastres; moyens d'y remédier, par Leduad	»	75
Tablettes d'un Mobile, par Léon de Villiers et Georges de Targes	3	»
Paris sauvé, par Léon de Villiers et Georges de Targes	3	»
Le Communisme jugé par l'histoire, par A. Franck	2	50
Les Neutres et les Insociables, par D ecous de Lapeyrière	1	25
Les Hommes du moment, par Bellin au Coteau	1	25
Recrutement et Organisation de l'Armée française, par L. Détroyat		
Réorganisation politique et militaire de la France, par le général Louis Du Temple	2	»
L'Invasion dans l'Est; le général Cremer, par X	1	25
Rapport sur la campagne de l'Est, par M. Juteau	2	»
Les Communeux, par J.-B. Lacombe	1	50
Monsieur de Rochefort, par J.-B. Lacombe	»	50
Je vous salue, Guillaume le Vainqueur, par J.-B. Lacombe	»	50
1870-1871. L'Armée française, ses vices et sa réorganisation, par Charles Besson		
Almanach de Versailles	3	»
Almanach Théâtral, par Gustave Lafargue	»	60
Les Aventures d'un Suicidé, par Tony Revillon	1	»
La Bataille de Berlin en 1875, par E. Dangin	3	»
Administration provinciale de la Prusse, par Théoph. le Gautier	1	»
L'Abus et l'usage dans l'union des sexes, par le Dr Gourier	3	»
L'Internationale et le Jacobinisme au ban de l'Europe, par M. Oscar Testut	8	»

www.ingramcontent.com/pod-product-compliance
Lightning Source LLC
Chambersburg PA
CBHW050436170426
43201CB00008B/699